本书受到北京大学国家发展研究院腾讯基金资助

北京大学国家发展研究院
National School of Development

北京大学国家发展研究院智库丛书·中国乡村调查系列
主编 黄益平

北京大学国家发展研究院
《经济学社会实践》调研团 著

江西吉安渼陂村调研报告

Rural Survey in Meibei Villiage,
Jiangxi Province

中国社会科学出版社

图书在版编目（CIP）数据

江西吉安渼陂村调研报告 / 北京大学国家发展研究院《经济学社会实践》调研团著 . —北京：中国社会科学出版社，2021.1
（北京大学国家发展研究院智库丛书 . 中国乡村调查系列）
ISBN 978 - 7 - 5203 - 7763 - 8

Ⅰ.①江… Ⅱ.①北… Ⅲ.①农村调查—调查报告—吉安 Ⅳ.①D668

中国版本图书馆 CIP 数据核字（2021）第 024396 号

出 版 人	赵剑英
责任编辑	孙砚文
责任校对	周　昊
责任印制	王　超

出　　版	中国社会科学出版社
社　　址	北京鼓楼西大街甲 158 号
邮　　编	100720
网　　址	http：//www.csspw.cn
发 行 部	010 - 84083685
门 市 部	010 - 84029450
经　　销	新华书店及其他书店
印　　刷	北京明恒达印务有限公司
装　　订	廊坊市广阳区广增装订厂
版　　次	2021 年 1 月第 1 版
印　　次	2021 年 1 月第 1 次印刷
开　　本	710×1000　1/16
印　　张	18.75
插　　页	2
字　　数	209 千字
定　　价	98.00 元

凡购买中国社会科学出版社图书，如有质量问题请与本社营销中心联系调换
电话：010 - 84083683
版权所有　侵权必究

中国乡村调查系列研究——江西吉安溪陂村课题组
《经济学社会实践》调研团

课题组负责人

徐晋涛，北京大学国家发展研究院，

　　电子邮件：xujt@ pku. edu. cn；

蒋少翔，北京大学国家发展研究院，

　　电子邮件：sxjiang@ nsd. pku. edu. cn；

刘士磊，北京大学国家发展研究院，

　　电子邮件：liushilei2014@126. com。

课题组成员及对本书贡献

刘舸帆、胡毅喆、赵雅慧（第一章）

徐臻阳、王浩洁、郭天翊（第二章）

邓弘毅、袁锡林、王婕茹（第三章）

王昱博、蔡韦成、唐何文嘉（第四章）

夏宏远、吴旌、张雅乔（第五章）

戴文奇、姚金汝、杨竣浩（第六章）

谢添、邬昕瑞、张浩嵩（第七章）

王子童、程丹旭、肖贝佳（第八章）

吴宛睿、王雨嘉、尚昱丞（第九章）

李鸿丞、孟星辰、刘子毅（第十章）

前　言

中国农村社会，从费孝通先生所记述的19世纪30年代至今，虽然社会背景发生了剧烈的改变，但农村中的基本社会群体仍然是家庭。一切活动依旧围绕家庭这个核心展开。

本书基于对江西省吉安市渼陂村的实地调研，细致描述了中国农村的家庭结构、亲属网络、财产继承、日常生活、农业生产、非农就业等家庭基本特征，以及村办企业、贸易信贷、土地制度、乡村治理等乡村基础制度，它旨在向读者展示中国农村文化、经济和社会变迁的蛛丝马迹。恰如费孝通老先生在《江村经济》一书中所述，如果要实现社会制度的成功变革，对社会制度的细致观察是必须的，乡村调查就是这些细致观察和分析的重要组成部分。在《江村经济》成文时费老说，"中国越来越迫切地需要这种知识，因为这个国家再也承担不起因失误而损耗的任何财富和能量了"。今日的中国，虽然取得了巨大的经济成就，但仍面临着巨大的外部挑战和内部发展压力，仍需砥砺前行，所以今天我们依然承担不起失误所带来的损耗，我们仍需要通过细致观察来提供客观的知识。希冀本书可以丰富乡村调查的案例，并为中国农村的进一步发展贡献绵薄之力。

不同于《江村经济》时期，中国农村目前面临的最大挑战已不再是传统农业文明与西方文明之间的冲撞，而是城镇化背景下的人口流失与产业转型。对中国农村而言，当下或是最难的时代。伴随着人口由农村向城镇的不断迁移以及大量的外出务工潮，农村原有的社会网络和传统文化逐步瓦解，加速的人口老龄化抽离了农村的朝气，部分村庄面临着消亡的危险，农业生产也不再能独立维持农村家庭的生计。多重挑战下，许多农民失去了对未来的方向，变得无所适从。与此同时，对中国农村而言，当下又或是最好的时代。习近平总书记的精准扶贫战略给农村带来了大量的扶贫资金、扶贫技术与配套政策，这为中国农村的转型与再次繁荣奠定了物质基础和政策基础，广大农民可以轻装上阵，重塑中国农村的经济、生活、制度和文化。在这样一个充满挑战和机遇的时代，农村的真实需求、多种农村政策的政策效果、农民行为方式的转变以及整体社会变革的演进，都需要被认真地审视。

村庄，其表象是农户的聚集居住单位；其内涵是农户的经济合作单位、社交网络单位、血缘延续单位和文化传承单位。因此村庄也是乡村调查的基本单位。本书选择的调研地点是江西省吉安市青原区的渼陂村。选择渼陂村为调研区域的原因有三。一是渼陂村有着悠久的历史。渼陂村始建于南宋初年，宋元时，其按照古代宗法制度，建祠堂，修族谱，订族规，奉行"耕读为身家之本"。宗法制度虽然随着时代进步而逐步弱化，但仍延续传承至今，在当下的渼陂村，我们依然可以见到传统农耕文明的印记。二是渼陂村曾有过繁荣的商业。明代中后期，历史十大商帮之一的江右帮兴起，渼陂村地处富水河中下游，其作为贸易集散地而逐渐繁荣，延续到清代后，渼陂村一度南北日杂、苏洋广货、进口药品，无所不有，盛极一时。三是渼陂村在经历了衰落后，重新找到了转型的方向。民国时期，由于军阀混战和富水河河道变窄，渼陂村的商业逐步没落，被迫回归以农业生产为主的生计模式。改革开放以后，由于较大的城乡收入差距，渼陂村与大部分村庄一样经历了大规模的人口外流，人口老龄化严重，农业生产也不再能产生足够的收入来维持农民消费，渼陂村被迫要寻找新的生计模式。渼陂村最终选择利用村内保留的367栋明清建筑开展文化旅游业，并于2008年被评定为4A级旅游景区，旅游业也逐步成为渼陂村的支柱产业。

本书为北京大学国家发展研究院2018年《经济学社会实践》课程的调查成果，北京大学国家发展研究院（NSD）是北京大学的一个以经济学为基础的多学科综合性学院，前身是林毅夫等六位海归经济学博士于1994年创立的北京大学中国经济研究中心（CCER），随着更多学者的加入以及科研和教学等方面的拓展，2008年改名为国家发展研究院（简称国发院）。从2017年秋季起，国发院开始招收国家发展方向的本科生，培养以经济学为基础，并通晓哲学、历史和政治学等人文社会科学基本原理的综合型人才。

国发院非常注重学生在社会实践方面的投入，我们鼓励本科学生通过基层实践，对于中国的现实问题有自己的认识，因此，国发院为本科生开设经济学社会实践项目，希望在假期带领学生深入乡村，了解我国经济发展的现实情况。

国发院已经与江西省吉安市签署战略合作协议，在吉安市的大力支持与协调下,我们得以带领2016级本科学生,前往江西省吉安市渼陂村进行深度调查并完成调查报告。在调研期间,学生克服了艰苦的调研环境,并且坚持及时整理调研数据,每晚集中讨论调研体会,汇报调研成果,听取大家提出的建议,不断打磨完善实践报告。在实践期间与实践结束后,也不断查阅县志与网上可得的历史资料,努力厘清当地发展脉络与重大历史事件,结合渼陂村现状,分析研究这其中反映出的中国乡村的变迁。调研结束返校后,学生以费孝通先生的《乡土中国》为范式,以江西渼陂村从古至今的发展脉络为线索完成了调研报告,详尽讲述了以渼陂村为代表的中国典型村落的发展现状及其背后的经济学逻辑。

课题组成员及分工:刘舸帆、胡毅喆、赵雅慧、徐臻阳、王浩洁、郭天翊、邓弘毅、袁锡林、王婕茹、王昱博、蔡韦成、唐何文嘉、夏宏远、吴旌、张雅乔、戴文奇、姚金汝、杨竣浩、谢添、邬昕瑞、张浩嵩、王子童、程丹旭、肖贝佳、吴宛睿、王雨嘉、尚昱丞、李鸿丞、孟星辰、刘子毅。三十位同学分为十组,三人一组,就家庭、亲属关系、财产与继承、乡村治理结构、乡村生活方式、农村产业结构、非农就业、商品流通/贸易/信贷,土地制度等课题分组,有针对性地研究中国乡村的变迁脉络,撰写出上万字的实践报告,以小见大理解世界经济发展。

目 录

第一章 家庭 (1)

家与亲属关系 (1)

户口 (2)

生育偏好与计划生育 (3)

性别偏好 (4)

数量偏好 (6)

计划生育政策与实行 (8)

夫妻与家长 (11)

经济与教育 (12)

赡养与抚养 (14)

婚姻 (15)

婚礼与婚俗 (16)

小结 (17)

第二章 亲属关系 (19)

亲属关系的划分与历史传统 (20)

渼陂家庭亲缘关系下的活动 …………………………………（27）

　　渼陂的收养 …………………………………………………（28）

　　家族分划与历史沿革 ………………………………………（33）

　　传统亲属关系的变革 ………………………………………（37）

　　小结 …………………………………………………………（39）

第三章　财产与继承 ……………………………………………（40）

　　财产的内容 …………………………………………………（40）

　　财产权利的界定 ……………………………………………（51）

　　家庭财产所有权的变更 ……………………………………（57）

　　财产转移变更的其他形式 …………………………………（67）

　　渼陂现象与当代中国 ………………………………………（71）

　　小结 …………………………………………………………（75）

第四章　乡村治理结构、社会资本 ……………………………（77）

　　家庭和邻里 …………………………………………………（77）

　　自然村与行政村 ……………………………………………（78）

　　乡村的治理结构 ……………………………………………（79）

　　宗族力量 ……………………………………………………（82）

　　行政体制与基层自治 ………………………………………（83）

　　宗教和文娱团体 ……………………………………………（87）

　　小结 …………………………………………………………（89）

第五章　乡村生活方式 (91)

经济变革对于乡村生活的冲击 (91)

画像：乡村生活时间表 (93)

家庭消费 (94)

住房 (98)

交通运输 (101)

教育 (102)

医疗 (108)

文娱活动 (109)

宗族活动 (111)

进城的选择 (116)

小结 (119)

第六章　农村产业结构 (120)

农业生产概述 (120)

土地问题 (125)

农业生产问题 (134)

小结 (154)

第七章　非农就业 (155)

就业大背景的根源 (155)

就业特点 (160)

就业视角中的乡村 (166)

形势与展望 …………………………………………………… (175)

小结 …………………………………………………………… (184)

第八章　非农就业——有关村办企业
——基于渼陂村 10 户个体工商业的深描 ………… (186)

零售业 ………………………………………………………… (188)

农村加工业 …………………………………………………… (196)

交通运输业 …………………………………………………… (200)

农业第三产业 ………………………………………………… (204)

农村个体工商业经营者 ……………………………………… (206)

小结 …………………………………………………………… (226)

第九章　贸易与信贷 ……………………………………… (231)

信贷 …………………………………………………………… (231)

贸易 …………………………………………………………… (240)

小结 …………………………………………………………… (256)

第十章　土地制度 ………………………………………… (258)

中国土地制度概览 …………………………………………… (258)

渼陂村土地制度 ……………………………………………… (261)

小结 …………………………………………………………… (281)

参考文献 …………………………………………………… (285)

第 一 章

家　庭[*]

中国农村社会，从费孝通先生所记述的 20 世纪 30 年代至今，虽然社会背景发生了剧烈的改变，但农村中的基本社会群体仍然是家庭。一切活动依旧围绕家庭这个核心展开。

◇◇ 家与亲属关系

如今的家庭主要还是由父母及其子女组成，这一点与 20 世纪 30 年代相比并没有很大的变化。但是当家庭中迎来新的成员之后，家庭结构有了改变。不同于《江村经济》，如今儿子婚后会更多地选择与父母分居，可能是儿子与儿媳去外地打工，也可能是儿子自己购置一套房屋，无论是哪种情况，婆婆与儿媳同处一个屋檐下的可能性大大降低，这也造成了一些权、责、利关系上的微妙变化。

另外与 20 世纪 30 年代相比，亲属关系发生了一些改变。首先，

---

[*] 本章作者为刘舸帆、胡毅喆、赵雅慧。

亲戚不仅仅限于父系亲属，母系的亲属也被纳入亲戚的范畴之中，这与女性地位的提高有极大的关系，大多数受访者甚至坦言母系亲属和父系亲属没有差别。其次，亲戚之间的关系在逐渐淡化，由于外出打工现象很普遍，大多数亲戚只会在过年时见面，平时往来较少。借用费孝通先生精巧的比喻，亲属关系"好像把一块石头丢在水面上所发生的一圈圈推出去的波纹"[①]，最亲近的是自己的直系亲属（父母、子女），然后依据血缘逐渐向外扩展。

◇ 户口

户籍，又称户口，是指国家主管户政的行政机关所制作的，用以记载和留存住户人口的基本信息的法律文书。它是对自然人按户进行登记并予以出证的公共证明簿，记载的事项有自然人的姓名、出生日期、亲属、婚姻状况等。它是确定自然人作为民事主体法律地位的基本法律文件，也是我们每个公民的身份证明。

户口与家庭有着千丝万缕的关系，但是户口作为一种制度，使得农民会出于对自身利益的考量对户口进行更改，而家庭由血缘与亲情维系，较为稳定。关于户口，其中有许多有趣的现象。

首先是分户现象。所谓分户，指子女成年或者成家后，从父母户口里面独立出去，自立一户。分户的原因大致分为以下三种：

[①] 费孝通：《乡土中国》，中华书局2013年版，第28页。

第一，子女考上好大学或者外出打工挣得较多，通过媒人介绍或者自由恋爱找到了爱人，成立了家庭，在外地有了较为稳定的生活，户口迁出；第二，出于纯粹的行政原因，家里人口过多，户口簿放不下，必须拆分户口；第三，低保申领政策使一些家庭为了能申请到低保，想出分户的办法，因为把儿子从父母的户口簿中迁出，儿子的经济状况不反映在父母的户口簿中，父母则更容易申请到低保。

其次是农转非现象①，大规模的劳动力流出使得很多土地被荒废，但是荒废的土地在21世纪初仍然要缴纳诸多税费，为了减轻负担，很多人将农业户口转换为非农户口。

不过，户口并不能真正反映一个大家庭中的复杂关系。父母与子女、孙子、儿媳、女婿等的关系，更多的还是体现在实际的日常生活中。

◇◇ 生育偏好与计划生育

中国农村家庭对于生育普遍呈现出对男婴的性别偏好，重男轻女的思想仍然存在。另外，在老一代人的心里，还有数量偏好，他们往往喜欢多生子女。然而，经历了几十年计划生育政策之后，这两种偏好都有一些变化。

---

① 中国户口分为农业户口和非农业户口，农转非指的是农业户口转成非农业户口。

◇ 性别偏好

在生育的决策当中，渼陂村村民呈现出十分显著的性别偏好。我们可以从多个角度来理解这一问题。

首先从血脉延续的角度来看，只有男性子嗣才能延续血脉。如果一个家庭没有儿子，那么意味着"香火"[①] 会无法延续，这对一个传统的家庭来说，在情感上是很难接受的。另外，如果没有子嗣，自己的财产可能会被同族的人继承。在这种情况下，没有子嗣的家庭往往会采用过继的方式，收养同族兄弟的儿子（详见第二部分），或者采用上门女婿的方式延续血脉，保护自己的财产。当然，随着社会的变迁，家族势力的削弱，父母可以将自己的财产留给自己的女儿，纯粹的血脉延续因素对于家庭生育性别偏好的影响正在逐步地减弱。

其次是出于经济的考虑，这对男性的偏好是一个成本收益分析的结果。养育女儿，在一些人看来，是十分"赔本"的。用"赔本"来形容生育女儿，似乎有物化女性之嫌，但不得不说，在传统农村家庭结构的影响下，这一观点也并非全无道理。为了抚养女儿长大，父母需要支付其衣食住行等生活性开支和教育等发展性开支——哪怕是打了些折扣的——也是一个不小的负担。而当女儿要出嫁时，尽

[①] 在传统观念看来，父母去世之后，只有他们的儿子有权进行祭祀活动，有了儿子，便有了"香火"。

管男方会象征性地给一部分抚养费，但是用于置办嫁妆，操办婚宴之后，不仅无法弥补之前的开销，而且会亏钱（详见婚礼与婚俗部分）。而女儿呢，正所谓"嫁出去的女儿泼出去的水"，女儿在出嫁之后没有赡养父母的义务，尽管如今社会有了巨大的变化，女儿在赡养父母上还是远不如儿子。因此，在村民看来，养女儿就是花钱养别人家的媳妇，这也造成了对男孩的性别偏好。

再次是出于养老的准备。俗话说"养儿防老"，在传统的中国农村，一般只有儿子担负赡养父母的义务，女儿对老人的赡养很大程度上取决于自身的经济情况。所以为了保证自己在年老后不至于无所依傍（尤其是在农村养老仍是以家庭养老方式为主流，养老院仍不被大部分村民接受的情况下），夫妻双方会尽量生出一个男孩。这个原因可以从村民的其他行为中得到佐证，按照村中一些老人的说法，仅生一个儿子是远远不够的。一些人认为，如果只有一个儿子，那么这个儿子在成人后支撑家庭、赡养父母的负担太重，因而自己十分有必要生育至少两个儿子，以便于让兄弟俩在成年后能够相互分担压力，也便于让自己在年老时享受到更好的赡养。

最后，加强这一性别偏好的是计划生育政策的实施。在计划生育政策实施之前，由于对生育数量没有限制，加之缺乏判断胎儿性别的技术，家长们尽管偏好儿子，但也不能够拒绝女儿的出生。但在计划生育政策实施之后，在限制了子女数量之后，渼陂村的性别选择问题便逐渐严重起来。

◇◇ 数量偏好

在渼陂村，我们观察到在政策约束和经济约束之下，老一代村民会尽可能地多生育子女。但抚养子女是一件很辛苦的事情，现在居住在城市的人很少会选择多生育子女。对于这个有趣的现象，我们从村民那里得到了一些信息。

驱使父母多生育子女的力量，主要来自以下方面。

首先，多生育子女是父母对子女夭亡的担忧造成的。根据我们的调查，有许多20世纪40—50年代出生的村民往往有8—9个甚至更多的兄弟姐妹，但是由于卫生条件落后，这其中的很多人都在幼年去世。在这种情况下，多生子女是一个理性的决策，这是一种"分散和规避风险"的策略。但是，随着卫生、营养等条件的改善，这个因素已经不再有什么影响了，我们仅仅在老一代人那里听到了这样的叙述。

其次，多生育子女是出于经济层面的考虑。很显然，如果能够多生子女，也就是中国人追求的"人丁兴旺"，能为自己的家庭的生产提供更多的劳动力。另外，如上文所说，子女尤其是儿子，可以在父母年老之时向父母尽赡养的义务。虽然抚养子女十分辛苦，但是等到古稀之年，便可颐养天年，享受天伦之乐，这也吸引很多村民选择多生孩子。

再次，避孕手段匮乏也是父母生育多个子女的重要因素。直至今日，避孕套的使用仍然没有普及，人们大多采用事后服用紧急避孕药的手段进行避孕。这样也导致了多个子女的出现。

最后，父母对生育的性别偏好是多子偏好的前提。首先，父母想要儿子，而且是不止一个儿子。这是因为生儿子有"养儿防老""传承香火""继承家业"等诸多好处。但是，儿子并不是想生就能生的，为了保证自己的儿子数符合预期，父母自然会选择多生孩子。

但是，这样的数量偏好受到了日益严峻的约束。和江西乃至全中国的绝大部分农村地区一样，人多地少，是渼陂村农业生产中的重要甚至是首要矛盾。在1981年该村实行包产到户之后，人均耕地资源最为丰富的小组也只能为每个劳动力①分配一亩水田；而一些人口较多或是靠近山地的小组中，每个劳动力只能分到七八分甚至三四分耕地。尽管更多的子女或许确实为家庭的未来创造了更多的可能性，但是在物质水平不高的条件下抚养许多子女的现实负担，也会阻止更多生育行为的发生。另外强制性的计划生育政策使得多生儿女变得不再可能。

值得注意的是，在二胎放开之后，很多人也不愿意再多生育子女，传统的数量偏好在逐渐消失，其中最主要的诱因就是接下来讨论的计划生育政策。

---

① 专指18周岁至60周岁。

◇◇ 计划生育政策与实行

在计划生育政策仅仅停留在口号阶段的20世纪70年代，我们所调查到的村民没有受到计划生育的约束；而在计划生育正式开始实施的20世纪80年代以及执行逐渐严格的20世纪90年代，大部分人受到了计划生育政策的约束，但并没有完全遵照规定进行生育，有一些差别。计划生育政策的实施深刻地诠释了政策的制定与政策执行的不易，里面夹杂着许多社会因素。

首先从政策上，根据《江西省人口和计划生育条例》（1990年版）[①]，江西省提倡"一对夫妻只生育一个孩子，严格控制生育第二个孩子，禁止生育第三个孩子，一胎多子女的除外"[②]。对生育采取准生证的制度进行管理，当夫妻生育的时候都需要向居委会、村委会提出申请，否则视为计划外生育，会受到制裁。有趣的是，在办理第二胎准生证时，有诸多社会因素。对于夫妻均为农村户口的，照顾到农村重男轻女的思想，采取了"一胎半"的政策，即对于首胎是女儿的夫妻，政府允许其办理第二胎准生证。另外，第一胎与第二胎之间应当间隔5年。对于违反计划生育条例的，根据《江西

[①] 1990年6月16日江西省第七届人民代表大会常务委员会第十五次会议通过，2016年二胎政策之后，有所调整。

[②] 《江西省人口和计划生育条例》（1990年版）第一章总则第3条。

省社会抚养费征收管理办法》①，农村居民的社会抚养费征收标准，以县级人民政府统计部门公布的当事人计划外生育的子女出生前一年本县（市、区）农村居民年人均纯收入为计征基数；当事人实际纯收入高于前述农村居民年人均纯收入的，以实际纯收入为计征基数，计划外生育一胎子女的，根据不同情形，按照下列标准向双方当事人分别征收社会抚养费，一般而言是以计征基数的3.5倍征收。如果没有缴纳相应罚款，超生孩子无法上户口。

可以看出，这一政策的指定充分体现了基层的声音，照顾到了农村的传统观念。但是即使将计划生育完成质量列为基层政府的考核项目，政策的执行还是非常困难。

对乡镇政府而言，计划生育政策的落实情况是考察其政绩的重要标尺，在20世纪90年代，计划生育政策在乡镇领导晋升的过程中甚至有了"一票否决"的显赫地位。因此，乡镇政府确实有着在本辖区内落实计生政策、惩罚超生者的强烈激励。但很显然，乡镇一级的政府并没有足够的人力、物力和财力直接投入辖区内农村的计划生育政策落实工作，因而落实这一政策，最终必须依靠村民委员会的协助，为了激励村民委员会，有些乡政府甚至会将一部分罚款奖励给村委会。

尽管乡镇政府可以强烈地影响村委会的决策，并且推动村委会成员在行政村内狠抓计生工作，但是作为基层群众自治组织的村委会，在本乡本土产生，村委会成员和普通村民之间较为熟悉，也往

---

① 江西省人民政府令第127号《江西省社会抚养费征收管理办法》于2003年12月10日省人民政府第13次常务会议审议通过。

往有着千丝万缕的人情和利益联系。而为了维系人情，村委会成员在政策的执行上有了微妙的变化，这也使得政策的执行变得复杂多样起来。

首先是生育的间隔年限的灵活性。条例中明确指出当妇女生育第一胎后需要有5年的间隔才能生育第二胎（如果允许）。为了避免生育，会对妇女采取上环或者结扎的方式进行节育，但在渼陂村的执行中，很少有人会遵守5年的时间限制，村委会也不会因此去罚款。

其次是对生育数量限制的松动。由于政策上明确提出禁止生育第三胎，但如果夫妻第一胎和第二胎都是女孩的话，村委会会同情这对夫妻，当他们生育第三胎时，超生户可以做出选择：第一，缴纳罚款而避免结扎；第二，主动接受结扎手术而不缴纳罚款。但是生育第四胎，由于这是对计划生育政策的严重挑战，人情和关系便会屈服于强大的政策刚性。这个时候，超生户不仅需要缴纳罚款，更需要强制接受结扎手术。

最后是超生罚款。如果超生户家庭非常贫困，以至于根本支付不起超生罚款，他可以将富余的粮食拿出来替代，如果还是差距很大，那么计生人员就会通过"抄家"的方式进行强制性执法。计生人员会到家里罚没有价值的资产来冲抵计划生育罚款。虽然听起来十分残酷，但是实际执法人大多都是村民，大家因为人情也只是走个过场，不会发生暴力冲突。总体而言，计划生育罚款都会逐渐补齐，并没有发生暴力执法的现象。

最为有趣的是，在我们走访的渼陂村，了解到了这样的情况。渼陂村原来的村长知法犯法,生了4个女孩1个男孩。但或许是由于他是村干部,又或许由于他"和上头有关系",他们家并没有因为超生受到任何的惩罚。然而,村长超生这件事在村里已经闹得尽人皆知,类似于"只许州官放火,不许百姓点灯"之类的指责,几乎成了一些超生户用于对抗超生罚款的"尚方宝剑"。而心里本就因超生而不够坦荡的老村长,自然不愿惩罚本自然村内的超生户了。

不得不说,计划生育在具体实施中遇到了许多问题,比如有些女性结扎之后还能继续生育,将孩子名义过继给亲戚等现象也在渼陂村发生,这些偶然事件使得计划生育的执行有了极大的弹性。

◇ 夫妻与家长

每当家庭嫁女儿或者娶媳妇之后,家庭结构就有了变化,有了儿媳,有了女婿。对于新加入的家庭成员,老一代人会有自己的期待与要求。

对于儿媳,由于传统观念,儿媳属于自家人,因而老一代人会对儿媳有一些要求,这些要求多为道德上的,而且伴随着儿子在经济上的独立,这种要求的约束力越来越弱,与谁结婚已经逐渐成为儿子自己的选择(在媒人介绍时,儿子拥有是否交往的选择权),父母的影响十分微弱。婚后,连接这两代人的更多的是下一代新生命的降生,老一代会承担抚养新生命的职责,可能在渼陂村里,也有可能在儿子的居住地。另外,儿媳作为"自家人",有赡养老人的义务。

对于女婿，老一代人对他的要求低于儿媳。女婿一般也不会去登门拜访，只会在过年的时候拜访。老一代人一般也不会让女婿承担赡养义务，女婿更多的是一个"外家人"。

◇◇ 经济与教育

中国经济创造了一个又一个的增长奇迹，中国农村的经济结构也发生了翻天覆地的改变：农业已经不再成为农民的主要经济来源，外出打工成为了大多数人的选择，"乡土中国"已经不再适合中国的现状，土地在中国人心中的地位也在逐渐下降，另外伴随着经济的发展，教育理念也在逐渐更新。

过去农村的主要经济来源是农业以及副业，但是现在已经变得不重要了，很多农民将自己的土地出租甚至免费让给别人耕种。究其原因，首先是低下的劳动回报率，一年辛苦耕种换来的报酬是微不足道的，与打工相比更是微不足道的；其次农业生产有较长的间歇期，农民可以在这个时候外出打工；最后，渼陂村人多地少，土壤肥力一般，加上政府征用良田修路、盖楼等，每户人家的土地所剩无几，每户种地仅能提供自己的口粮而已。在多股力量的作用下，农民不再将农业作为自己的第一收入来源。

目前农民的主要经济来源是打工，打工的地点也随着经济发展有了变化。在20世纪末的时候，几乎所有人都去广东一带打工。而现在，有人在上海附近打工，并且在吉安本地务工的比例也显著上升。原因可能有两方面，一方面是收入效应，在外打工多年，农民积累了不少财富，希望能回家享受更多的闲暇；另一方面是替代效应，即吉安本地打工的工资相对于广东而言，差距在不断缩小，促使人们更多地回吉安本地务工，另外，2008年、2009年的国际金融危机造成广东有许多的工厂倒闭，很多人也因此回到家乡。

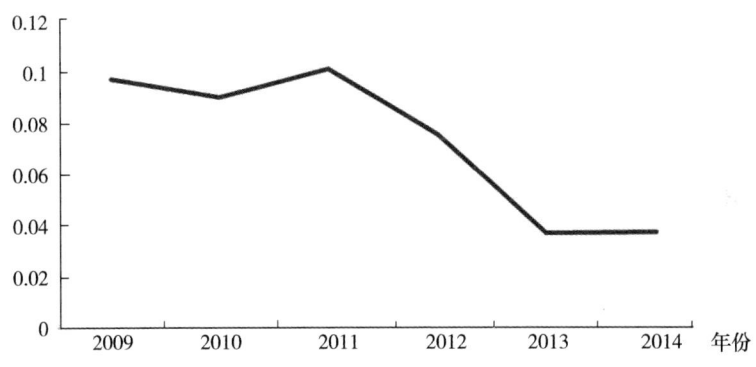

图1-1 2009—2014年吉安市普通中学辍学率

数据来源：吉安市统计局。

虽然经济来源发生了巨大的变化，但农民的收入都有了极大的提高，比起原来的"靠天吃饭"，农民的收入更加稳定，整体财富也在稳步增加。而乡村经济生活水平的提高，对于教育水平提高的推动作用不可小觑。渼陂村自古以来有着重视教育的传统理念，但原来碍于现实的经济条件，很多家庭只能供一个孩子上学，剩下的孩子初中毕业就开始打工赚钱。但随着经济实力的提升以及子女数量的减少，大部分村民很乐意出钱供子女读书，整体而言，文化水平在逐渐上升。

◇◇ 赡养与抚养

不同于费孝通先生所写的年代，"生于斯，长于斯，死于斯"已经成为过去，随着大批农村青年劳动力离开农村，留守老人与留守儿童的现象变得十分普遍。与此伴随的赡养与抚养的形式也在变化。

在赡养方面，赡养的义务主要由儿子承担，女儿很少承担赡养父母的义务。对于父母身体尚可的家庭而言，几乎不存在子女对父母的赡养，子女也很少会给家里寄钱，父母通过自己的能力养活自己。但当父母年迈，无法照顾自己之后，子女会承担赡养义务。赡养形式多为轮转的方式，每个儿子承担一定时间的赡养义务，把父母接到家中赡养。

而在抚养方面，普遍存在着父母帮助儿女（主要是儿子）照顾孩子的情况。抚养的方式有两种，一种是将孩子放在村里由父母照看，另一种是将父亲或母亲接到自己的居住地来照看孩子。如果子女生活条件比较富裕，往往会选择第二种方式。我们也观察到，随着对子女教育的重视，第二种方式成为了更多人的选择，留守儿童问题有了极大的缓解。

从总体的普遍情况来看，现在的农村表面上父母与子女分居，但经济与生活上的联系依旧十分紧密，在关键的问题上尤为凸显。

第一章 家庭

◇◇ 婚姻

与《江村经济》中记述的一样，在渼陂村，男女之间大部分通过媒人介绍组成家庭。这里的媒人，既不是一个固定的人，也不是某个婚介机构，而是房前屋后的邻居或者关系较近的亲戚。每当家里有适龄的子女，就会有亲戚朋友主动帮忙介绍对象。依托自身的人际网络，媒人在附近的村镇可以找到一些合适的人选。这种行为的动机，主要有以下几点。首先，当媒人是一个行善积德的事情，村民都十分乐意担任媒人。其次，这是一种类似于交换资源的行为，由于每个人的人际网络都是有限的，加上渼陂村严格禁止梁姓内部通婚，这使得找到合适的人选变得困难起来。"今天你给我当媒人，明天我给你当媒人"成为了解决这种资源稀缺问题的好办法。最后，做媒人会有象征性的报酬，这个金额往往由娶媳妇的一家支付，与这家的收入情况有很大的关系。但必须强调的是，这是最不重要的动机，人们不会仅仅因为钱而去说媒，这也就是渼陂村里没有专业媒人的原因。整体而言，大部分外出打工的青年人还有留在村里的青年人都通过这种方式找到自己的配偶，配偶多来自附近的村镇（新圩、值夏等地）。

但是，介绍婚姻的许多细节与费孝通先生所写的时代有了极大的差别。首先是媒人的作用大大降低，媒人仅在介绍双方认识、订婚和结婚仪式中起作用（这部分见婚礼婚俗的部分）。在介绍双方认识之后，是否交往、如何交往成了双方的事情。这样在一定意义上也增进了夫妻双方的感情，《江村经济》中夫妻没有共同语言的现象已经大大减少，家庭变得更加和睦。

其次与费孝通先生年代不同的是，自由恋爱也在婚配中起了重要作用。通过自由恋爱结婚的人大多是在外接受高等教育，还有一小部分在外打工的人。自由恋爱不可避免地导致了外来媳妇的现象，固然在生活习惯上有许多不同，但是由于一年见面的时间很短，当地人并不排斥外来媳妇。

◇◇ 婚礼与婚俗

中国自古以来就是礼仪之邦，作为人生中极为重要的里程碑，结婚自然有着丰富多彩的礼仪文化。虽然各种婚庆公司在全国范围内兴起，使很多婚礼变得简单，原先的一些礼节被精简，但是在中国农村，婚礼大体上还保留着之前的模式。

首先是订婚仪式，这是一对新人走入婚姻殿堂的必经之路。订婚仪式往往由媒人组织，媒人召集男女双方的家长聚集到一起，双方协定礼金的数额。礼金是由男方支付，名义上称为抚养费，是为了补偿女方家长抚养女儿所花费的财产，但实际上主要用于女方办婚礼以及置办嫁妆。礼金的数额由男女双方协商，媒人从中撮合，最后商定一个具体的数额。之后，媒人会在一张红纸上写两份礼单，内容包括具体的用途以及相应的数额，然后在红纸中央写下

"天长地久"四个字，之后将这种红纸撕开，男女方各拿一边，进行婚礼前的准备。一般而言，礼金的数目无法完全覆盖女方嫁女儿的支出，女方家长会多置备嫁妆，一是对女儿不能继承的补偿，二是让女儿在男方家有话语权。

之后介绍婚礼的情况。在迎娶的前一天中午，男女双方都开始设宴席款待亲朋好友。这些亲朋好友主要由自家亲戚、邻居以及朋友组成，宴席举办的地点是自家的祠堂。据村民讲，宴席的规模最少也是20桌，一桌8—10人，家庭情况较好的可能会到40桌左右。这些宴席由自己准备，邀请亲朋好友过来帮忙，并不造成很大的经济负担。在迎娶当天，新郎和一部分亲朋好友（多为兄弟姐妹）来到女方家吃早餐，之后正式迎娶新娘，新娘与她的兄弟姐妹以及部分朋友会一同前往男方家中。女方的宴席就此结束。在男方家用过午饭和晚饭之后，新娘的亲朋好友离开新郎家，返回自己的家中。当天晚上，新娘与新郎入洞房。

第二天早上，新郎与新娘携带一些礼品前往新娘家，在新娘家吃过早饭后，新娘的父母以及直系亲属会前往新郎家举行"会亲家"的仪式，并赠送相应的礼品表示对新人的祝福。

◇◇ 小结

在本章，我们尝试从亲属关系与户口两方面界定家的概念，发现在实际的日常生活中，户口并不能真正反映一个大家庭中的复杂关系。亲属关系虽较20世纪30年代相比发生了一些改变，但仍是农村家庭在社会生活中的主要体现。

由于计划生育的实施与经济因素的考量，虽然重男轻女的思想仍然存在，但传统的性别偏好与数量偏好已悄然发生了一些变化，这也体现在教育理念与赡养方式的转变上。家庭作为中国农村最基本的社会群体，家庭结构与组建家庭方式（婚姻与婚俗）并未发生实质的变化，一切活动依然围绕着基于亲属关系影响的家庭观念展开。

第 二 章

亲属关系[*]

悠悠千年,渼陂村传承着数朝数代沉淀下来的文化走到今天,岁月遗留了太多的痕迹。正门前的梁氏祠堂,别具一格的书院都诉说着过去的故事。然而,除了这些古宅旧院外,历史把一些微妙无形的基因注入渼陂人的血液里,注入这片古老而深邃的土地上。马克思曾经说过:"人的本质是一切社会关系的总和。"我们讨论渼陂村的村民,就不能不讨论其社会关系,而讨论其社会关系,就不能不讨论他们的亲属关系。中华文明与渼陂自身的历史,塑造了村民们的亲属关系,形成了一种伦理秩序。而在现代社会的冲击下,这种秩序又将走向何处?

在本章我们将分 5 部分介绍渼陂村的亲属关系,第一部分主要介绍其亲属关系的划分与一些历史传统;第二部分讨论父系和母系亲缘关系下的活动;第三部分讨论过继收养问题;第四部分详细介绍渼陂的大家族与其历史沿革;第五部分从我们看到的现象试图回答传统亲属关系在现代文明中的变革。

---

[*] 本章作者为徐臻阳、王浩洁、郭天翊。

◇◇ 亲属关系的划分与历史传统

梁氏自宋朝开基祖迁来后，一直以来都安居此地。经过千百年的繁衍生息，已经形成了一个500多户的自然村。在这部分中，我们按照不同的层次来说明他们的亲属关系。以及在这种亲属关系的秩序下形成的历史传统。

一 族

整个自然村都是梁家子弟，据《庐陵古村渼陂》记载：

> 渼陂梁氏一世祖梁从绅，名文，字仕阶，号严溪。传说他在年轻时，有一次打猎来到渼陂寨，当时这边还是一片荒洲，芦苇丛生，梁从绅认为这是一块风水宝地，便带领全家由甲村竹筱寨徙居今地，开基建宅，遂为渼陂梁氏基祖。

而现在整个村的梁姓人都是其后人。所以从某种意义上来说，他们其实是一家人。我们称整个渼陂村的梁氏为一个"族"①。当然

---

① 本书中的"族"和其他分层单位与费孝通先生的《江村经济》并不相同，《江村经济》中定义"族"为五代以内同一祖宗的后代及其妻，这个定义反而是本书中的"支"。

把他们称作一个"族"并不仅是因为姓氏相同拥有相同的祖先,村民自己的观念里也是这样认为的,整个村有一位"族长",也有总的梁氏祠堂——"永慕堂",并且还使用同样的"字辈"。族长并非由选举产生,而是按照辈分来确定的,谁的辈分最高谁就是族长,在辈分相同的情况下比年龄,谁的年龄大谁就是族长。在现在的村庄秩序下,族长已经不像过去那么风光了,过去的族长在很多问题上有不小的影响力,而现在只是一个名义上的象征了。当然既然是名义上的象征,那么也会发挥"名义上"的作用并且得到"名义上"的礼遇,主要体现在村民办红白喜事之际会被邀请去吃饭。而永慕堂作为整个村的总祠堂依然发挥着重要的作用,每年祭祀的时候男性村民都要过去祭拜列祖列宗,根据《庐陵古村溪陂》记载:

> 永慕堂始建于南宋期间,元末毁于兵燹……现建筑为光绪十一年(1885)至民国四年(1915)重修。因此,永慕堂的建筑内容既有明代的,又有清代的。如祠堂的基础框架、柱础、石柱、木柱、石栏等,都是明代的东西。清代重修多次,梁、檐等构造多数是清代的风格。

历时数千年,即使中间经过了战乱和分堂(关于分堂后文会详细说明),梁家人依然把永慕堂作为自己"根源"的象征,给予其很高的地位,可见他们对自己"梁氏家族"身份的认同。村民对于"梁氏家族"的观念还体现在土地上,按照他们的规矩,这片土地就是梁氏的土地,他们一般不允许外姓之人在此定居,这也是几百年来整个村子住的始终是梁氏后人的原因。

二 字辈

"字辈"是一个相当重要的话题，整个村千百年至今依然能够恪守这套"字辈"本身就是一个令人惊奇的事情。根据《永慕堂宗谱》记载，自宋朝开基祖梁从绅的父辈以来，字辈分别为：思从念太时君学明清存文德子世正廷可安守光宗。国丕由道显，家兴必仁昌。礼义承先绪，诗书启后祥。至今"先"字辈分的一代已经出生。关于字辈的问题，也有不同的版本，有一种说法是：

> "文"字连续用了两辈，一般来说是不允许出现这种情况的，别说连续两辈，即使分隔好几代用同样的字辈那都是绝对不允许的，但是在"文"字辈梁氏出了大官，运势较好，为了延续好的运势，便再接了一代。

这种说法到底是否正确已经无从考证。当旧的字辈快用完了的时候，族里的长老会在大修族谱的时候继续往下制定一些（关于族谱的问题后文会详细说明），比如现在的"绪诗书启后祥"就是长老们已经提前制定好了的。"字辈"在村民的心目中地位很高，即使事业飞黄腾达已经迁居到大城市的抑或在战乱年代去了台湾的梁氏后人依然会遵守这个"字辈"。

按照村名的说法，吉安一带的外村梁氏有的也会使用这一套

"字辈",在修谱确定之后的孩子用什么字辈时也会派代表来讨论。当然也有一些梁氏外村是使用其他族谱的,比如有外村就使用"嘉胤光其宗祖德培元启"作为其字辈。字辈现象在该地区广泛存在,除了梁氏有字辈外,附近的袁氏也排字辈,分别是"钦,守,圣,训,惟,谨"。

三 堂

如果说"族"是整个自然村的梁氏,那么下一个层次就是"堂"了。每个人都归属一个祠堂。渼陂自然村目前有 5 个大祠堂,分别是"求志堂""清隐堂""节寿堂""洪庆堂"和"孝友堂"。这 5 个祠堂是从"永慕堂"中分出去的,因此"永慕堂"也叫作总祠,这 5 个堂叫作"私祠"。一般分堂主要是因为分堂之人比较富贵并且人也多了,当然有的有钱人选择不修祠堂而是修书院。从目前来看,求志堂是人口最多的一个堂,人口占全村总人口的 2/3。节寿堂是祠堂最大的一个堂。洪庆堂和孝友堂是相对来说比较小的两个堂,人口皆为百人左右。同一堂的人显然更亲近一些,在以前,像洪庆堂这种 100 多人的小堂大概还能互相认识,但是近年来人越来越多了而且住得也分散了,想要全部认识就变得比较困难了。每个堂有堂长和几个房长,每个祠堂还会推荐一个理事长去总堂议事。村里的这个理事会在很多方面有一定的权力,可以说是当地实施村民自治的一种模式了。

私祠是重要的活动场所,大部分红白喜事都要在私祠举办。

当然，如果村民想做得大一些，可以选择在总堂永慕堂办，但是相应地，按照规矩，办事者必须邀请全村60岁以上的男性老人去吃饭。

"按照规矩，如果有哪位60岁以上的男性老人没被邀请，理论上他是可以去'砸场'的。"

显然在永慕堂办酒需要极大的财力支撑，所以很少有村民有能力这么做。据了解，一般两三年才能遇到一回在永慕堂办酒的。这是非常了不得的一件事情，如果选择在永慕堂办酒，那这位仁兄很有可能就在附近一带出名了。渼陂村办酒做事一般规模都很大，持续时间也比较长，比如结婚就要连续办三天，不算第一天的早饭，总共8顿，家里人和比较亲的人吃满三天，朋友吃后面一天半，也就是5顿。在私祠另一个相当重要的活动叫作"上灯"。每年农历正月十三的时候，如果从上一年正月十三到今年正月十三家里有男孩出生的话就要去祠堂把孩子的姓名添到族谱上，如果是女孩的话一般就只会注明生了个女儿。

四 族谱

族谱也是一个很重要的东西。族谱分"草谱"和"正谱"。草谱是每年都会记载的，按照《庐陵古村渼陂》的记载：

每年正月，各房在房长的主持下，自定日期，对上一年添丁、嫁娶、殁葬山向等情况，一一记录下来。上草谱是一件非常严肃的事，本支人聚在一起，对生或殁、嫁或娶、大名或小名，生育、仕宦、功名等，如实记录，不允许涂改，不允许私自改动。草谱由族长保管，平日不轻易出示，以保证它的几十年甚至上百年的原始状态，为篡修宗谱提供真实的材料。每一次修谱结束，也就是新一轮的草谱开始。

草谱需要很好地保存，保证其在修正谱时能提供准确的信息，平时一般不拿出来。我们了解到谱上反而对财产不是特别重视，这和渼陂村的文化有关，更重视德而非财。而正谱每大约50年修一次，最近一次修谱是20世纪80年代，目前修到了10册。按照《庐陵古村渼陂》的记载，修正谱非常隆重，要在永慕堂成立相应的谱局机构，从进谱局到出正稿到最后散稿都有大型的仪式，其间更是香火斋饭不断。按照村民的说法，一般族谱保存在祠堂的楼上，一些村民不愿意保存在家里，这可能和一些风俗说法有关，毕竟上面记载着祖辈的名字，很多村民会介意保存在自己家里，觉得有煞气①。而且很重要的一点是一般不会拿给外人看。

五　支

堂下面一个单位理论上是"房"，但是根据我们的调研，村民对于"房"这一单位并无太多的概念，所以这个"房"的单位村民

---

① 这个煞气的说法甚至导致编族谱时很难请到人主修族谱。

就不怎么提了。

我们走访的村民往往提到这样一个范围——爷爷的兄弟的后代，也就是一个曾祖父的后代，我们把这个单位定义为"支"。这个单位内往往是喝酒请饭必定要邀请的重要对象，逢年过节也必定要拜年走访，甚至有不少村民提到这个范围内的亲戚是会在办酒席时来帮忙做饭烧菜的。更重要的一点是，这个范围内的男人，往往取名字的时候不但第二个字相同，第三个字的偏旁也相同，常见的偏旁有：金字旁，木字旁，三点水，火字旁，土字旁，单人旁等。为什么是四代以内，这是一个有趣的问题，村民表示在这个范围内能够保证大家还都能认识，如果超过了这个范围，那么认起人来就比较麻烦了。也的确有村民能够同五代甚至六代的亲戚保持不错的关系，当然这是少数了。由于工作需要，村干部们往往能和更多的亲戚保持联系。

六　家

最小的单位那就是"家"了，所谓"家"，《说文》中提到"家，居也。从宀，豭省声"。家就是生活在一个屋檐下的人，从村子的大致情况来看，一家往往是三代人。如果规模再大一些那恐怕就有些不方便了。如果儿子数量较多，而且也没有出去打工，那么其中的某几个儿子可能会选择搬出去住。家是最重要的家庭生活单位，是生活起居都要接触的人。不过，从目前的状况来看，随着经济的发展与交通的便利，越来越多的年轻人选择外出打工，在家里的往往是老人和小孩，也就是"三代同堂"中间那代外出了，当然，也有不少家庭是选择在孩子还小的时候把妈妈留在家里，爸爸出去打工。

◇◇ 渼陂家庭亲缘关系下的活动

一 父系亲缘关系下的活动

渼陂村内部的男女不能结婚，而且男子的妻子也不能姓梁，村民认为梁姓人都是同一祖爷爷的后代。这个规则在村里被十分严格地执行，在走访过程中，我们只听到一对夫妻属于本村内结婚，村民对此也感到不适。甚至有村民表示如果本村内结婚，生出来的孩子以后都娶不到附近村的媳妇，因为生出来的孩子都无法上谱。而在渼陂，男孩又有很大的继承香火的职责，父母也不允许自己的男孩做上门女婿。所以，住在村里的孩子特别是男孩自然平时和父辈亲戚来往较多。

渼陂村的孩子大多能认识自己的爷爷以下的亲戚，在他们眼中这些亲戚就是自己该经常来往的家人，在有困难时候也能够找四代以下的亲戚帮忙，很少有难为情的感觉。父方的家族凝聚力很强，这也沿袭了我国传统农村的特征。

举办喜事酒席等活动时，父方的邀请者主要是三代以内，四代以下的亲戚。即使由于地理位置等原因，部分亲戚没有经常性来往，也会对照族谱来邀请。

二 母系亲缘关系下的活动

村民普遍认为母系来往不如父系多，大多数村民对于自己母系的亲戚并不能像父系亲戚一样熟知，但仍需要和母方来往。过年时孩子是和父方过，而且已经出嫁的女儿正月初一不能回家住。

尽管和母系来往较少，但办酒席时父方母方同辈的仍会坐在同一席位上，相对而言母方人数不如父方多。值得一提的是，舅舅在酒席中的角色很重要，村民提到"天上的雷公，地上的舅舅"。正月十三上灯时，男孩的外公和舅舅都要破费。如果当天上灯的孩子多，家庭相互之间会询问舅舅外公给了多少礼金，有一定的攀比，如果收的钱少会感觉难为情。

◇◇ 渼陂的收养

在我国的农村，收养一直是普遍存在的现象。一方面是受家庭条件影响，父母无法负担太多的孩子；另一方面是受传统观念影响，想要儿子而不是女儿；1981年后计划生育政策也产生了影响，这是从收养的供给方来考虑。从接受方来考虑，收养决策主要受自身生育能力和传统观念，以及个体偏好这几个方面影响。

收养是一个孩子亲生父母和养父母共同作用的结果，所以了解收养必须了解这两个角色的决策过程。而收养的形式也分几种，从孤儿院收养，从街上捡回幼子，从亲戚那里收养，从兄弟那里过继等，根据渼陂村村民们的叙述，村内的收养只有后三种形式。

孩子的给出首先是家庭条件的限制，尤其在集体经济的时候，村民反映当时村里家庭的收入普遍低，就有家庭在生了女孩而难以负担时将女孩给出。而在计划生育实行的20世纪80—90年代，受生育数量限制，有些农户在负担不起罚款和承受不了其他如结扎等处罚的情况下，将孩子送出，且基本是将女孩送出，这同样是因为渼陂村有着强烈的男丁多而家族兴旺的观念。相比之下计划生育时期给出孩子的情况要更多。

孩子的接受分男孩女孩，男孩一般是由于丧失生育能力或者意外身故等，为了延续香火而将兄弟的男孩过继，而这更大意义在于弥补传统观念上的缺憾。女孩的接受一是和亲戚协商的结果，二是出于对生命的怜悯，村民认为前者的情况偏多，毕竟孩子是自己亲生的，但通过多次调查我们发现，其实后者的情况在实际中会更多，母亲把孩子放到箱子里，再将箱子放到街上或者乡政府门口，然后托自己的亲戚帮忙盯着看自己的孩子是否会被人捡走。

一　过继儿子

在渼陂村（自然村，梁姓村）过继是最常见的收养形式。渼陂村的过继是指将自己的男孩划到自己的没有男孩的兄弟名下，过继后孩子对养父母有赡养义务，有继承养父财产的权利；一般也不再有和原父母的赡养继承关系，而养父也有帮孩子娶老婆的义务。

渼陂村不接受上门女婿，即上门女婿的后代不能写到族谱上也不能拿到祖辈财产，一个家庭如果只有一个女孩，财产会给到侄子那里而不是给自己的女儿；而捡来的男孩同样不被接受。所以当一个家庭没有男性后代时，出于财产考虑通常会选择过继一个男孩。

过继男孩在老一辈中较为常见。年长的村民普遍认为在自己有多个男孩而兄弟没有男孩的情况下过继一定会发生，而年轻一辈则认为现在这样的情况大大减少，他们不是很倾向这样的方式。一位现年 50 多岁的被过继者回忆说：

> 我叔叔是在长征时候牺牲的，当时他还没有结婚，那我自然地就过继到他名下了。

过继的主要目的是延续香火，在族谱上使得兄弟有后代得以延续，也可以去民政局进行登记，留下档案。即使孩子没有过继，习俗上孩子也有赡养没有儿子的叔叔、伯父的义务，继承其财产的权利，这种情况一般在兄弟两人一个人没有男孩而另一个只有一个男孩的时候发生，即没有多余的男孩可以过继。

过继时孩子年龄一般较大，如 20 岁左右，这是由于过继是在确认兄弟方丧失生育男孩的可能后才发生，如兄弟丧生，年龄过大，以及丧失生育能力等。据村里 50 岁以上老人以及被过继者本人的叙述，如果兄弟方不可能再有男孩而自己家有两个男孩的情况下，一定会过继孩子，至少在族谱上会过继，义务和权利也大都会过继。这是由家长来决定的，孩子本人并无多大决策权，也少有拒绝的案例，因为过继的目的主要是香火的延续，过继后和哪方关系更好，并不一定，而且在渼陂村里，家族气息浓厚，成员之间联系本身很紧密，过继前后对于家庭关系冲击并不大。

过继的时候如何选择过继者不是随意选取的，在渼陂村有着一套过继规则，据被过继者本人的叙述，大致原则是被过继者需要和被过继方的地位相称，以及过继责任应先由长子承担。有以下几种情况：

> 兄弟两人，如果只有一个人有儿子，那么不过继，一个人赡养两家老人，财产也是他一个人继承两家财产。
>
> 兄弟两人，如果大兄弟有两个儿子，小兄弟没有，那么大兄弟的二儿子过继到小兄弟下面。
>
> 兄弟两人，如果小兄弟有两个儿子，大兄弟没有，那么小兄弟的大儿子过继到大兄弟下面。
>
> 兄弟三人，如果二兄弟和三兄弟各有两个儿子，大兄弟没有，那么二兄弟的大儿子过继到大兄弟下面。
>
> 兄弟三人，如果二兄弟和大兄弟各有两个儿子，三兄弟没有，那么大兄弟的小儿子过继到三兄弟下面。
>
> 兄弟三人，如果大兄弟和三兄弟没有儿子，二兄弟有三个儿子，那么二兄弟的大儿子过继到大兄弟下面，二兄弟的三儿子过继到三兄弟下面，自己留下自己的二儿子。
>
> ——被过继者述

二 捡回幼子

在计划生育时期渼陂村街上遗弃的婴儿显著多于其他时期，多是由于村民受传统观念影响，希望能生儿子，多生儿子，从而容易违反计划生育。一名村民回忆道：

> 当时我们家住街旁边，偶尔能听到路边有孩子哭，而且基本为女孩声音。街坊邻居看那婴儿可怜，就喂孩子一口粥，或者带回家，但带回家的孩子一样被计算进计划生育里，所以就只有一部分孩子能被捡回家。

家庭一般会将弃婴放入箱中，留下出生年月等信息，丢到别的村落，然后或直接离开，或托自己的亲戚在暗处看是否有人将弃婴捡回。村民对于直接丢弃孩子的行为并不认可，母亲也想尽方法来减少自己的内疚和悲痛。婴儿的丢弃一方面受家庭条件和传统观念影响，另一方面在计划生育时期极大地受到政策的影响，村干部认为在集体经济和 20 世纪 60 年代初三年经济困难时期的弃婴数量也明显少于计划生育时期。弃婴的收养，同样受到以上因素限制。所以，在村民看来，丢弃孩子尽管不让人接受，但他们也能理解父母的处境。

三 亲戚抚养

同样是给出女婴，渼陂村还有一种方式，就是将女婴给愿意接受的亲戚抚养。女孩长大后一般家里也会告诉她自己的身世，极少有女儿长大后认回去的情况，而这种情况不是父母主动将女孩要回来，而是女孩自己回来。在村民看来，将女孩给亲戚是正常的事情，自己养不起或者想要儿子的情绪都能理解，但女孩毕竟是给到了自己家里。而在渼陂，由于每个家庭都有着相似的传统观念，较少有亲戚愿意接受女婴，但此类现象仍旧存在。

◇◇ 家族分划与历史沿革

不同于费孝通《江村经济》调查所得[①]，渼陂村悠久的历史带来它更密集人口的同时，渼陂村这一地方群体的形成，在很大程度上依赖于家族关系。尤其是渼陂自然村，基于氏族的原始群体组成了几乎全部的村民及乡村治理结构。而对家族分划及历史沿革的梳理，有助于对渼陂经济社会结构形成的经验性理解。

渼陂村村民很少出现"同姓相婚"的情况，这与严格宗法制度对于同姓相婚的禁忌有关：同姓相婚者的后代不可写入族谱，选择

---

① 费孝通在《江村经济》中指出，通过姓的分布的调查可以说明，虽然亲属关系群体倾向于集中在某地区，但家族关系并没有形成地方群体的基础。

与同姓结婚将受到父母的阻挠（例如断绝父母子女关系），以及来自村民长至一生的言语、行为疏离，其影响之重大，使得有情者亦望而却步。由于地理条件限制，梁姓家族与邻近村女子结婚十分普遍，因此存在临近村外姓女子在实际亲缘关系上比本村同为梁姓女子更近的情况，但是村民仍必然选择同外姓女子结婚。

这种禁忌有其社会学价值——禁止同姓相婚有利于亲缘关系的扩张（extended kinship network），更有利于建立更紧密的支、族关系和更强烈的社群认同（communal consciousness）。由于外姓的加入稀释了血缘关系，但对于家庭血缘亲密性的传统心理需求没有改变（经调查这种心理需求平均基于家庭四代，即至爷爷兄弟的孩子为止），因此村民寻求一种"虚拟"的亲缘关系以补充原本仅基于血缘的亲缘关系，这种"虚拟"关系逐渐演变为"族"。

渼陂村发展至今日，族①的概念更趋形式化。这主要由于自两个字辈分堂以来，同堂人口繁衍众多，堂已远超村民对于血缘亲密性的心理需求。而目前村中的人均耕地面积较少，无法支撑再"分堂"。故而村民只得堂下分房，房下分支，他们也更趋向于用"支"表达自己对家庭的心理诉求。而与此同时，随着外出务工者逐年增多，仍留在村中的村民之间血缘关系更远，支、族认同也因此更紧密。这种由血缘稀释带来的进一步的"关系泛化"，是中国现代部分农村较为独特的现象。然而这种概括尚不能为中国农村下整体定

---

① 通过与费孝通《江村经济》中描述的比对，我们将渼陂村的"堂"定义为"族"。

论。譬如，这与王朔柏、陈意新①考察安徽村庄后提出的，改革开放后农村经济、政治、社会环境使得宗族势力式微，民工潮彻底摧毁了宗族复兴之可能的观点，是存在冲突的。

一 金钱、血缘与家族关系——渼陂村民的家族观

渼陂村有如此众多的家族，但家族之间的关系却基本和睦，这和较强的宗族势力、根深蒂固的宗族观念分不开。

谈到村民个体的家族观层面，村民一般不因为自己的家族大、堂大而感到光荣或自豪。一方面是因为梁姓家族越发壮大，据县志记载，民国三十年（1941）永慕堂有400户村民（男600丁，女600口），而如今永慕堂总人口数约为2200人，②几乎翻倍，使得村民常往来的家族概念更趋于一个支（具体体现在做酒都只邀请三代以内的亲戚），堂的符号意义已远小于其实际意义，并仍在不断弱化；另一方面，改革开放以后，财富地位和经济利益越发取代了血缘用以维系亲缘关系的一部分职能。王思斌③提到，随着农村现代化，亲属家庭走到一起除了沟通感情之外，更主要的是为了在生产上更有效地合作，是为了经济上的互利。由此，经济互利可以使得亲缘关系紧密，而经济上的矛盾可以使得亲缘关系疏远。在同村

---

① 王朔柏、陈意新：《从血缘群到公民化：共和国时代安徽农村宗族变迁研究》，《中国社会科学》2004年第1期，第180—193、209页。
② 数据来源：渼陂村会计汤平。
③ 王思斌：《经济体制改革对农村社会关系的影响》，《北京大学学报》（哲学社会科学版）1987年第3期，第28—36页。

民的交谈中，村民往往表现出明显的对财富地位较高者[①]的爱戴，对家中兄弟众多者、所属家族较大者则没有这种情况，印证了王思斌的观点。

但财富地位、经济利益仅是部分地取代血缘关系，成为家族邻里之间的纽带——尤其在村中传统宗法制度的延续方面，经济利益的纽带作用仍远不及血缘。因此总体而言，村中财富地位较高者不存在飞扬跋扈打压其他村民的情况，富贵人家依然较低调，村民关系和谐。

> 有钱人低调主要有两个原因：人老了之后就算再有钱，没有人伺候是很令人难过的事情；百年之后没有人安葬，也是很凄凉的。——现任村治保主任梁义平

也正因此，村中年轻劳动力非常愿意承担村中与传统宗法制度延续相关的公共事务，30岁所有的壮丁，无论其家庭财富地位如何，均会踊跃报名去"开肩"（抬棺材），这在村中普遍被认为是一种积德的行为。因此，现代农村的家族关系呈现一种传统宗法制度下亲缘关系与现代经济社会关系下亲缘关系交融的形态，并将持续保持这种形态。

杨善华[②]在前人理论基础上，提出了利、权、情动态合作秩序

[①] 指经商者，而非在村中担任干部者。
[②] 杨善华、侯红蕊：《血缘、姻缘、亲情与利益——现阶段中国农村社会中"差序格局"的"理性化"趋势》，《宁夏社会科学》1999年第6期，第51—58页。

的概念，来阐明基于传统差序格局建立的公共秩序对现代化农村的改变和适应。我们尝试引入家族势力对村权力结构的影响。村民对于"大家族是否会影响村中决策"的观点非常分散。非常有趣的是，其观点与他们是否来自较大的堂（求志堂）无关，来自较大/较小堂的被访者认为大家族会影响决策的比例相同；但其观点与其是否担任或曾担任村干部有一定关联，受访的村干部大多肯定地表明两者之间并无联系，这样的观点部分可以归因于曾担任村干部的村民对具体选举流程细节有更多的了解。而如果看实际选举结果，历代村委主任都来自求志堂，[①] 而村委会成员的来源则相对多元——本届会计来自求志堂、治保主任来自洪庆堂、纪委书记来自节寿堂。

◇◇ 传统亲属关系的变革

在现代文明的冲击下，传统的亲属关系到底发生了什么变革，面临着怎样的趋势？我们试图从村民的讲述中把握历史前进的方向。

在了解"字辈"这个问题的时候，我们了解到很多考上了名牌大学，在大城市扎根的年轻人依然在取名字的时候遵循字辈，包括"上灯"等仪式也依然会严格按照传统进行。不过近几年来，也出现了一些新的现象，有的孩子仅在族谱上使用遵从字辈的名字，而

---

① 数据来源：村理事会成员口述。

在现实生活中以及户口簿上，使用的名字就不一定按照"字辈"了。有的在外的男人有了孩子，孩子甚至到了快成年的时候才有一个能写上族谱遵从"字辈"原则的名字。

在关于取名的问题上还有一个新的现象。以前往往是爷爷会在自己的孙子们出生前想好取什么名字，寻找好一系列相同偏旁的字作为第三个字。但是现在，爷爷更愿意把取名字的权利交给自己的儿子，也就是孩子的父亲，有的甚至不在乎他们名字的第三个字偏旁是否相同。

当我们在询问一些非常年老的老太太老爷爷他们孙辈的情况时，他们往往只说自己的孙子孙女，而不提自己的外孙，这代人的孙辈往往已经成年立业了；但是如果询问一些年轻的爷爷奶奶他们的孙辈情况时，他们还是会说自己外孙的情况的。

而在关于房屋土地的问题上，我们发现了一些有趣的现象。很多村民依然把本村的宅子与土地认为是极其重要的固定财产，可以说是一家的命根；而外面城里的房子，即使房价飞快上涨，多么值钱也比不上村中的房屋土地，不过是"身外之物"。但是当我们问起年轻人的时候，他们表示他们已经很少像以前的人为了土地房屋争得不可开交了：

地也不种了，承包出去了，还是出去打工挣得多。

在我们的走访中，我们感受到了传统秩序的牢固与顽强的生命力，但是新的观念也在渗入这片土地。有些是对抗的，在力量的博弈中达到一个妥协，而另一些却相辅相成，比如收入条件好了请酒吃饭的时候请的亲戚多了，大家反而交往多了。一些传统的活动和特色的节日也因为收入变好以及政府支持所以能办得更好了。我们可以这样认为，传统在现代社会的变革是一个复杂的过程，如一个生态系统的演化，传统秩序将依然保持生命力，不会立刻瓦解，只不过会除去一些旧的，迎接一些新的。然后继续向前奔跑着，成为新的传统。

◇◇ 小结

在本章，我们就渼陂村亲属关系这个话题进行了详细的介绍，渼陂村是一个代表，一个典型，我们通过了解渼陂村的亲属关系也可对中国传统伦理秩序窥见一斑。我们感受到了儒家文化、农耕文明对中国传统亲属关系的影响，这种形成的秩序依然深刻地影响着中国的农村，当然渼陂的历史也赋予了渼陂村村民亲属关系自己的个性。最后我们也试图回答传统的伦理秩序在现在社会将何去何从。我们可以这样认为，亲属关系与伦理秩序是渼陂村村民不得不接受的"历史馈赠"，经济基础决定上层建筑，从根本上说，这一切都是千百年的生活生产方式形成的。当然在新的"历史馈赠"下，又将形成新的亲属关系与伦理秩序。

第 三 章

财产与继承[*]

◇◇ 财产的内容

在采访过程中,当我们问及家庭财产内容时,渼陂村村民的回答主要是住房、土地以及自然村共有的财产等不动产,而存款、首饰等物品暂时还不在他们首先考虑的范围之内。这可能与他们认为财产总伴随着继承有关。在我们走访的村民中,我们几乎没有看到佩戴首饰的人,大部分人家中也并没有值钱的首饰,一般女性出嫁从娘家带来的嫁妆里也并没有首饰。存款方面,村里目前还居住着的 60 岁到 90 岁的老人,生活大多比较清贫,生活费也几乎都是来自子女提供的赡养费,他们一般没有什么存款;而对于三四十岁的中年一代来说,大多数家庭在经济上都没有什么负担,也大都会有一定的存款,但这一代人往往没有认真考虑过将存款等财产分割传

---

[*] 本章作者为邓弘毅、袁锡林、王婕茹。

给子女的问题，他们对财产和继承的观念也更多是受上一辈将财产分配给他们时的观念的影响。

一　住房

整个溇陂行政村以不同的自然村为划分，由于每个自然村在政策、地理位置等方面有一定的差别，村里的村民拥有的房屋情况也有所不同，大体上可以分为以下两种情况：

一是以溇陂古村、镜湖村和唐湖村二组为代表的古村旅游区。村内的老房子不允许拆除或者改建，随着人口增加，村里大多数房子已经不再能满足家庭居住需要，还有一些房子已经变成危房甚至倒塌，不再适合居住。这些村里的多数人已经搬出了村子去新分配的宅基地盖房子或者在城里买房子，但也依然有老一辈人或者经济实力不足以盖新房的人留在老房子里。平均来看，这些村民拥有一老一新两套房子。

二是以柿林村为代表的没有被划到旅游区的自然村。这些村子里几乎已经看不到古村里那样的老房子，大部分都是较新的钢筋混凝土房。这里的大部分人家都有相对较新的两套房子，但仍然有一些人家生活条件不太好，仅有一套房子。

接下来我们将会对不同类型的房子逐一介绍（见图3-1）。

图3-1 道路的左边是唐湖村村民搬出老房子后新建的房子，道路的右边是被划成古村旅游区的唐湖村旧址，路上堆着的砖石是用来维修魏氏宗祠的

(一) 老房子

渼陂古村旅游区之外现在已经几乎看不到传统砖木土坯结构的老房子了，而古村区域则包括渼陂古村以及相邻的镜湖村和唐湖村的二组。老房子大部分都是家里的先人亲手建起，既没有也不用雇用外人。这里最老的房子有上百年的历史，而镜湖村和唐湖村里的房子也有一些是20世纪50—70年代才修建的。大部分上了年头的房屋已经无人居住，其中许多也没有人维护，甚至有些房屋在日晒雨淋之下已经轰然倒塌（见图3-2）。

图 3-2　渼陂古村中年久失修的老房子

老房子被弃置主要是因为老房子往往只有一到两层，面积太小，而且被划归到古村旅游区以及与旅游区相邻的老房子都不允许改建。但家中儿子娶妻、媳妇生孩子，人口越来越多，最多能有 10 多口人挤在一间屋子里，到了夏天，人多屋小，炎热难耐，恶劣的居住环境给村民的生活造成了很大的不便。还有一些房子年限太长，已经成了危房，随时都有倒塌的可能，仅靠局部的修理已经不够，必须要整体翻修，而为了保护古村整体格局，这也是不被允许的。

为解决这个问题，村子的一些村民选择了上访。在压力下，村里最终同意将原来的一些集体粮田改成宅基地，再分配给他们。经济条件允许的家庭在获分新的宅基地后，便以"夫妻+孩子"这样的小家庭为单位搬出老房子，修建了新房子。

现在还居住在老房子里的几乎都是老人，有些老人留在老房子里是因为住在老房子里更习惯，即使有新房子也不愿意去住；有些老人则是不愿意和儿子儿媳一起住，把新房子给儿子儿媳住，自己还是住老房子；也有一些老人是子女都在外地，家里老房子足够住，也就没有再修建新房子。

向已经修建了新房子并居住在新房子的老人问起会怎样处理老房子的时候，他们的回答一般是：把它以自然的状态放置着，任它自生自灭。向没有盖新房子仍住在老房子里的村民问起老房子以后会怎样的时候，他们的回答一般是：在自己老了、独自生活困难的时候，孩子一定会回来照顾自己，自己去世后房子就归子女，子女老了也会回来住。

但是并没有人产生过把家里的老房子进行交易的想法，甚至当我们问出这个问题的时候，他们对这个问题往往感到很惊讶。一方面，他们不认为存在一个合意的"老房子市场"，另一方面，对他们来说，老房子不管有没有家人居住，都是"根"的象征，这是无法用金钱换取的。

(二) 以三层楼为主流的新建楼房

镜湖新村、柿林村以及唐湖村未被划入古村旅游区范围的房子都是新修的混凝土房,这些房子大部分都是两层半到三层。当地的房子层数越高则温度越高,因此人们一般只住下面两层,最上面的半层或一层往往不住人,只是用来隔热,有时也会用它来存放杂物。

新修的混凝土房一般都是在2000年之后修建的,除了家中有人在建筑行业工作过的家庭会选择自己动手修之外,大部分人家的房子都会雇用别人来修。一般修建房屋的花销在20万元以上。村民一般选择向兄弟姐妹等亲戚借钱,因为家中的兄弟姐妹几乎迟早都会有建房子的需求,所以大家也很愿意互相帮助。一般向兄弟姐妹借的钱不会规定严格的还钱期限,也不会收取利息。

柿林村的新房子一般是在老房子原有的宅基地上将老房推倒重修的,房屋的外观没有严格的规格;而镜湖新村建新房的用地是村民上访后,村里将耕地填平,再分配给交了整田费用的村民,修建的时候上级政府专门规定了统一的房屋外观与整体布局,整个新村看起来非常整齐,而且新村还配备有娱乐健身场地、设施以及水渠。

唐湖村未被划入古村旅游区范围的新房子上述两种情况都有,即既有在原有宅基地上重修的,也有在新分配的宅基地上修建的。但政府没有对其进行统一规划,每一家都有自己的风格。

对于这些新建的房屋,所有住户几乎也都确定自己绝不会卖掉家中的房子,他们给出的理由一般有三点:

（1）这里离城市较远，周围也没有什么资源、设施，不会有人来这里买房子；

（2）如果他们卖了这里的房子，他们就没有地方可以去，这里的房子经济价值并不高，卖房子的钱也不够在城市买房子（但如果愿意出高价买，他们也会愿意卖）；

（3）没有什么特别的理由，就是不会卖也不能卖。

（三）在城市购置的房产

村子里有少数人在吉安市或其他城市购买了房子。一般是为了让家中的小孩子在城里上学或者是家中有人在城市里工作，这些家庭才会在城市里买房子。也有一些家庭中有人在城市里工作，但他们每天开车往返于村里的家与市区，并不会在城市里买房子。但大多数孩子比较小还不到上学年龄的家庭表示，未来会为了孩子上学在城市里买房子，但也决不会为了凑买房子的钱，卖掉村里现在住的房子，而且等孩子长大了他们还会回到村子里住。

至于不愿意到城市居住的原因，有较多村民表示在城市购置房产价格较高，压力比较大；而村子里也有很多老人表示不喜欢住在城市里，即使他们的子女已经在城市定居，他们也不愿去住。

二 土地

渼陂村中绝大多数村民是农业户口，只有极少数村民由于原来办理了农转非是非农业户口，只要是农业户口的村民都可以在自己户口所属的村小组分到宅基地和粮田，因此几乎所有的村民家中都有土地。土地类型主要包括宅基地、粮田、林地、荒山和坟地，不同类型的土地的所属、用途以及相关政策都不太一样。

（一）宅基地

宅基地是农村的农户或个人用作住宅基地而占有、利用本集体所有的土地。包括建了房屋、建过房屋或者决定用于建造房屋的土地，建了房屋的土地、建过房屋但已无上盖物或不能居住的土地以及准备建房用的规划地三种类型。村民可以通过申请将粮田转为宅基地，需要缴纳一定的费用，这样之后在这块地上盖的房子就可以按正规程序拿到房产证。但村民反映现在也有人直接把粮田填了盖房子，不向相关部门提出申请。这样盖的房子拿不到房产证，很多人向政府投诉这种违规建房的情况，但目前没有得到回应。

（二）粮田

由于地理原因，渼陂村大部分村民拥有的粮田都非常少，绝大多数家庭大约只有一亩地，但大部分村民目前已经不种地了，只有少部分村民仍在耕种粮田。村民口中所说的"种地"一般指的是田里作物是用来批量出售的，大部分说自己"不种地"的村民，都会留几分地种一些供自己家庭日常吃的蔬菜。

为了避免土地荒芜，不种地的人一般会免费把自己的粮田给自己仍在种田的亲戚种，在亲戚收割水稻晒谷子的时节还会帮忙，但与粮田挂钩的农业补助仍然是归粮田的原承包人。但同时也有村民向我们反映，渼陂村附近的山上有很多粮田都处于荒地状态，原因是水没有办法被运输到高处，村里曾经也尝试过在山上修建小水库，但是下雨的时候就涝，不下雨的时候就干，没有发挥应有的作用。

此外，因为近几年村子附近开办了一些大型农庄之类的产业，现在也会有村民把自己的粮田承包出去，承包商会向村民支付一定的费用，每亩价格数百元不等。

（三）林地

渼陂村村民们反映林权早已收归集体，是集体在管理，而且并没有村民以个人为单位承包林地的情况，村民们也对林地没有什么了解和需求。但村民有时会去集体的林地里拾一些柴火，捡一些蘑菇之类的野味，这些都是被允许的。

（四）荒山与坟地

坟地的使用权是归属于村小组的同一宗族的，同一个宗的人一般都会埋在同一片坟地里，坟地一般都在荒山上，这些坟地都是祖祖辈辈传下来的。在渼陂村我们还见到了占地较大且年代较久的坟墓，据说是某个宗族的开基祖的坟墓（见图3-3）。

图 3-3 罗氏开基祖的祖坟，年代可以追溯到明朝

三 宗族的共同财产——宗祠

自然村是由村民经过长时间聚居而自然形成的村落，渼陂村中的每一个自然村里的人，一般都是同一个姓氏，但同一个姓氏并不

一定是同一个宗族的，同一个宗族指的是记在同一个族谱上的人，这在前几章已经有所描述。而宗祠则是一个宗族共有的财产。

宗祠可以看作宗族的象征，也是族人举办活动庆典、红白喜事的地方，它见证着一个宗族的发展，在宗祠的外面经常会张贴族人为宗族的捐款以及族内的选举结果，宗祠中也会刻着宗族的家训，但现在的一些年轻人甚至连家训上的字也认不全了。有些宗祠文化已经开始被人们淡忘，但不可否认，宗祠在渼陂村村民的生活中，仍扮演着非常重要的角色。

城市里，家中孩子考上大学会办升学宴、谢师宴之类的筵席，而渼陂村中有孩子考上大学，就会在宗祠中摆席，请亲戚朋友们一起来庆祝。村里的红白喜事依然会在宗祠里办，婚礼的流程习俗一直遵循传统，没有什么大的变化，丧礼现在有守丧时间变短的趋势。各村中除了女儿嫁到外地不得不在外地订宾馆作为娘家，因此无法在宗祠里操办之外，仅有一户没有在宗祠里办婚礼，但村民也不太清楚那一户为什么这么做。此外也有村民表示，在宗祠办婚礼比较省钱，如果经济条件更好，会考虑去城里办婚礼。

此外，有些宗族还有一些特殊的活动在宗祠中举行。比如魏氏宗祠，直到现在，每年的大年三十晚上，还会召集家中所有男丁聚在宗祠里，族长坐在最上位的位置和大家一起开茶话会（见图3-4）。

第三章　财产与继承

图3-4　唐湖村魏氏的宗祠，当地较大的宗祠基本都是图中的格局

◇◇ 财产权利的界定

一　财产所有权划分的基本单位——家庭

当代乡村的财产所有权划分的最基本单位仍然是家庭。而家庭

的概念又往往以是否住在一起作为划分。年长的儿子结了婚，组建了自己的小家庭，一旦和父母分家之后，在财产划分的意义上，就不能与父母再看作一家；自然，在老父母们看来，女儿出嫁住到夫家之后，也不再是自家的人了。

对于不动产，例如良田，小组在分配土地使用权的时候是依据每户的人口数量的多寡，尽量平均地分到各户；而对于乡村里其他常见的生产资料例如农具，以及家庭购买的耐用消费品等，大家都会认为，这些财产是我"家"的，而不是具体算到某个个人头上。我们在调研过程中曾遇到一户新婚的夫妇与丈夫父母同住的家庭，家庭中的大部分家用电器都是老父亲用其积蓄所购，年轻的孩子们并不认为这是专属于父母的东西，而认为"这是我家的冰柜，当然一家人都可以用"。

然而明确属于个人的财产也并非不存在。例如存款等流动性相对较强的财产，财产归属的个人意识较强，这些财产充其量也不过被认为是属于夫妻所组建的核心家庭的财产，而不会被整个大家庭所共用。

二 渼陂村几种财产归属的划分案例

（一）粮田

首先来说田地的划分，粮田的特点是有较为明确的田埂作为边界。由于渼陂村的粮田大多位于较为平坦的地带，这里的田地大都被田埂划分成较为均匀的地块。粮田的所有权归属于村民小组，再由小组将承包权和使用权分配到各户。分配粮田时，要依照家庭人口的多少（无论长幼，无论男女），相应分配粮田的量，而不同质量、不同距离的粮田，则需要本着平均分配的原则，公平地分到各户。

在土地分配时，由于土地有远有近，土地质量有优有劣，在确定每户应该拥有的土地数量后，不同质量的土地则需要相对平均地分配到各户。各种类型的土地分配由大家都能接受的抽签来决定。例如，某户应该分到一块优地，一块差地，则可从所有好地中抽取一块，所有差地中抽取一块。一旦结果出炉，大家认同过后，便不能再反悔了。

但是由于种种原因，绝对公平的分配往往难以实现。一方面家中儿子娶妻、女儿出嫁，孩子出生以及老人过世等事件会导致每家的人口变动，这往往使得小组土地有频繁的重新分配的需要；另一方面，由于农业税和农业补贴等国家政策的变动，农民对土地的前后态度有非常巨大的差异：征收土地税的时候，村民往往想方设法避免分配到土地，而当获分土地则意味着财政补贴时，村民们又往往汲汲营营地想要回更多的土地。频繁的土地调整往往难以让村民达成共识，执行成本就显得非常高昂。

为解决这个问题，不同的小组采用了不同的做法，例如溁陂古村区域的村民小组采取了根据人口变动，每5年调整一次的模式，而唐湖村等集体则认为频繁调整的执行成本过高，且村民间难以达成共识，近30年间一直采用了"增人不增地，减人不减地"的做法，唐湖的做法同国家对土地承包权归属相对稳定的期望是一致的，在这些区域，相对稳定的土地承包权使得这份权利有了物权的特征。

但无论如何，村民们除了有时会因为小组内的土地的分配方式产生异议之外，很少会因为粮田的边界产生纠纷，这主要是由于村民们更多不再以种粮为生，对于粮田的态度，也就随意了许多。

（二）宅基地

土地的所有权虽然仍然归小组所有，但是长期较为稳定的使用权期限也使其有了物权的部分特性：在村民的心目中，自己（或者自己的家庭）便是这一片宅基地和房屋的所有者。

渼陂地势平坦，人们所居住的地方较为紧凑，一户挨着一户，一组贴着一组是再正常不过的。房屋的紧凑分布，加上缺少天然的地理事物作为划分依据，使得宅基地边界的划分相对模糊，这些边界的划分往往需要依靠地契等历史凭证，并经由双方协商考证一致确认，方能相安无事。

宅基地的边界不明经常导致所谓单方面"侵占"，这类"侵占"成为了我们考察区域纠纷最常见的诱因。邻居修房、挖土越了界，若是同宗同源还好说，经私下协商或谈判，或是由宗族或小组里有威望的人调停给予补偿，往往可以获得一个比较妥善的解决方式：或是经济赔偿，或是一方拆除越界建筑。而若是非同宗族之间产生矛盾，则问题就没有这么简单了。土地的纷争往往涉及了本宗的颜面，因此是绝对不能输的。你若能拿出佐证自己诉求的凭证，那我也能拿出，双方都指责对方伪造凭证，因而，矛盾往往难以调停；

这一类土地边界的划分不清有可能诱发集体长达数十年的对立与纷争，而由于居住紧密，在这种对立氛围之下，任何小的摩擦都可能让义愤填膺的族人聚集起来，相互对峙，甚至诱发流血事件。我们从访问到的一位爷爷的口中得知，在溪陂地区的两个紧挨的自然村之间，村民们几十年前曾经挖过壕沟，打过群架，声势浩大，即便在上级政府的主持下，最终宅基地的划分被确定下来，吃亏的一方仍然抱怨，"不公"的裁决结果全因为对方"朝里有人"，矛盾双方的对抗似乎直到今日还在继续。

（三）坟地与宗祠

还有一些财产，没有人会认为自己占有了这部分资源。例如归宗族或者村小组所有的宗祠或者坟山。拿坟山来说，当地土葬仍是主流，每一个村小组会有专属于本宗族的一片坟山，同宗人死后可以在其中任选位置安葬，但外宗族外小组的人是万万不可葬入其中的。随着土地资源越来越宝贵，当地很多土地被政府征用，其中就包括很多村小组所有的坟山，加之当地讲究坟地气派，每个坟头占地不少，很多老人越发担忧自己死后会无安息之地。既然坟山归小组成员共有，有许多目光"长远"的人便会选择提前修建自己的坟墓，只是不立墓碑，为男人预留的坟头写一"寿"字，而"福"字则是预留给女人。一旦主人过世，棺椁推进墓前方预留的槽，封死墓穴，立上墓碑，省去不少工夫。在当地的墓地里，随处可见的"福"与"寿"，反映的是当地人对于传统的坚守，和对未来的焦虑。

宗祠的使用同样非常严格，宗祠集合了本宗族议事、继嗣以及礼仪的多种功能,是本宗族的一个重要财产,只有本族人才能使用,本宗的人同时也承担着修缮和维护宗祠的义务。随着人口的迁徙,部分外姓的人迁到本地定居,为求方便,家中有婚丧嫁娶之事,他们也想在临近的祠堂中操办,年轻人觉得问题不大,既然祠堂所有权归属宗族,只要这些外族人缴纳一定的租金,场地便可拿去使用,但是这种想法受到了老人们的严厉训斥,他们认为让外族人进宗祠办事,是对先祖的不尊和对风水的败坏,这是区区租金无法弥补的,外族人因此还是被驱逐出了当地祠堂,当我们到访之时,当地人表示,这些祠堂依旧坚守只归本族族人使用的原则,不得动摇(见图3-5)。

图3-5 在渼陂地区,即使人数很少的姓氏一般也会修建宗祠,图中的宗祠占地仅有一间屋的大小

◇◇ 家庭财产所有权的变更

一 以财产为中心的赡养与继承

赡养与继承是一种以财产为中心的互动关系。这里所说的"以财产为中心"并无任何贬义,也没有故意忽视父母与子女之间的亲情成分,而是想强调,财产在这个过程中占据着主导性地位。比如,一个特别想让老母亲安享晚年的儿子,却因为妻子不肯出钱,百般阻挠,难以尽到自己的孝道;又如一个老人想将自己的财产留给陪自己度过晚年的再婚老伴,却被一群亲生儿子极力反对,拒绝将家产分给一个"外人"。这两个极端的例子都表明,赡养与继承问题的焦点往往在于财产而非仅仅局限于亲情:在赡养时,子女要承担老人的生活花销,他们或是直接花费金钱,或是耗费原本可以用来挣钱的时间照顾老人;在继承时,老人则会将房屋、土地及各种贵重物品进行传递。因此,把财产关系放在赡养与继承关系的最重要位置,也就不足为奇了。

(一)子女赡养老人的义务

首先需要回答的一个问题是,什么叫作"老人"?

一般来说,"老人"的划分并不是绝对以年龄作为分界线的:我们遇到一位四五十岁孙子孙女成群的阿姨,也称自己已经是

"老人"；"有无劳动能力"一般也不能作为判断老人的指标：我们访到一户六七十岁的夫妇，他们的子女经常寄钱回家，家里很多物品都是用子女寄的钱购置的，从这个意义上来讲他们已经属于"被赡养"的行列，但是他们仍然在种田打鱼，忙得不亦乐乎。因此为简单起见，我们仅从结果出发来界定"老人"：只要应该接受一笔非劳动、租金所得的收入（子女所给、政府或社保分发）或等价物（子女提供伙食或送入敬老院），都归入"老人"之列。

根据我们的走访，以"有无儿子"和"有无生活自理能力"两个指标为界，我们可以将"老人"这个群体大致分为四类：有儿子且有生活自理能力的老人（第一类）；有儿子但没有生活自理能力的老人（第二类）；没有儿子但有生活自理能力的老人（第三类）；既没有儿子也没有生活自理能力的老人（第四类）。

第一类老人在我们的样本中的占比是最高的。这一类老人往往年纪都不算太大，子女比较少（可能是赶上了计划生育），而且大多显得精神矍铄，还有很强的干劲，都能独立生活，甚至有一些还会亲自下地干活，或者承包一些副业。这一类老人中有一部分是与儿子住在一起的，平时儿子可能外出干农活，或者在城里工作，他们就负责在家里照看孩子，并且为全家人做饭。有些家庭里媳妇也会和他们一同待在家中，其余家庭中媳妇则也和丈夫一起在外务工。总而言之，这部分老人就承担了后代的"保姆"工作，为子女的事业提供支持，让他们不至于有太多的后顾之忧。对于这样的老人，家里的开销用度都由儿子出，儿子平时可能还会给老人一些零用钱。而第一类的另一部分老人则是独自生活，他们的儿子儿媳可能工作的地方更远，因此平时不会回来。在这种情况下，儿子每个月会给他们打一笔钱供他们生活开销之用。一般来说，一个月寄回来的生活费不会超过一千元；但如果儿子在外事业有成，经济水平很高的话，也可能寄较多的钱回来。

第二类老人的比例相对少一点，这类老人的年岁一般较高——在我们的样本中甚至有一户90多岁的老夫妇——因此他们往往已经失去了生活自理的能力，是真正意义上需要赡养的老人。他们的子女往往较多，有的可能就住在村子附近，有的也可能定居在较远的地方。对于他们的赡养，儿子们必须集中在一起商议出一个方案，轮流为老人煮饭，照料老人生活起居——这是村子里惯常的做法。但由于人口流动与迁移的因素，已经安居在外的儿子如果实在难以回来亲自赡养老人，则可以与住在附近的兄弟达成协定，自己出钱，兄弟出力，从而履行自己赡养的义务。可以想象，这样的赡养规则可能有如下的问题：兄弟间因为赡养问题而起纠纷，甚至造成不和；有的媳妇不愿意赡养老人，对老人和丈夫百般刁难；有一些高龄老人只有一个远在他乡的儿子，无人照料。这个时候，有人会考虑将老人送进养老院。但是，这样的做法会招致村民们的极力谴责，在当地人的心目中这是极大的不孝。因此，对于前两种情况，迫于舆论的压力，兄弟间的纠纷、媳妇与老人间的矛盾需要尽量克制（至少是表面上的克制，毕竟家丑不可外扬），首先完成赡养的义务（但据我们访到的老人说，这样强扭的瓜不甜，有些儿子或媳妇待自己依然很差）；而对于客居他乡的独生子来说，要么放弃外面的生活回乡，要么花钱托人照顾，让年迈的父母走完人生最后一程。当然，请人照顾的情况是更常见的，因为让儿子放弃外面的事业回来赡养父母也不是老人们所希望的。此外，由于村民邻里之间总能找到几个亲戚，因此，也有在外的儿子出钱将父母托付给亲戚的情况。

我们没有直接访问到第三类老人和第四类老人，透过其他同学的访问结果以及向当地村民询问，我们对这两类老人的赡养情况有了间接的了解。对于无子的老人，如果有生活能力的话，则接受政府的资助，同时也会自己种地或者做一些简单的工作以维持基本生活；如果生活自理能力也丧失了，则往往是被送入敬老院生活。

为什么上面的叙述始终以儿子为中心，基本没有提到女儿呢？女儿不会赡养老人吗？按照传统观点来看，女儿出嫁后不对娘家再负有任何经济上的义务，因此女儿没有理由（一般来说也没有能力，其经济来源在于夫家）赡养这些老人。关于儿子和女儿之间的更多差异，我们放在后面进行解释。

（二）子女继承财产的权利

一般来说，老人的财产是在其去世后再传递给下一代的，但有时候也会在兄弟分家时瓜分老人的一部分财产。在我们的样本中，有一户（户主是现任唐湖村魏家的族长）出现了儿子分家分财产的情况，但其余走访的人家都是在老人去世后以遗产的方式分配的。

遗产的种类比较固定，就我们了解的情况来看，老人们关于"遗产"的概念基本就是土地和房子的使用权，一般不会有现金，

"传家宝"之类的贵重物品更是罕见。

遗产的分配对象总是儿子，很多老人都确定不会分给女儿。在极端的情况下，如果老人没有儿子，遗产则有三种去处：第一是由老人的兄弟进行分配，第二是由老人的侄儿进行分配，第三则是收归集体所有。总而言之，在除去最后收归集体这一种特殊情况之外，其他的继承方式都是父系继承，这在几乎所有村民——包括女性——的脑海中都是根深蒂固的。还有一些老人笑称，家里的老房子谁也不分，就等它自己烂掉垮掉。当然，他们的房子已经修筑多年，家里的儿子也都在附近甚至城里有了新房子，他们一般也不会在意家里的老房子。

就遗产的分配方式来说，70%左右的老人都说平均分，即有几个儿子就会平分成几份儿。但在调查过程中，有两户比较特殊，一位是先前提到的魏氏族长，他们家当年儿子结婚时，先结婚的便先分了一部分房子出去，而最后结婚的儿子只能分到牛棚和厕所了。显然，这样的分配方式不可能是平均分的，在笔者看来存在很大的不公平性。但也要注意到，这样的分配方式也仅是存在于四五十年前了，在别处基本没有再听到过。我们遇到一位先前在罗氏家族内做过家庭财产纠纷调解员的老人，他调解过各种各样的关于遗产的纠纷，提供的信息有一定的权威性和可信度。据他所讲，在真正分遗产的时候，儿子们会在一起商议，大多数情况下能够达成一致意见。如果实在不能够接受分配结果而产生了纠纷，则就该请他这样的调解员从中协调规劝，在外力的协助下完成分配。如果这种情况下都还不能解决问题，则进入最终的、不得有违的流程：长子长孙优先继承，如果还有剩，则由后面的子孙再按位次继承。这种嫡长子长孙的继承方式也符合中国几千年来的传统观念，至少在渼陂村的罗氏家族，它作为宗族内遗产分配的最后一道强制命令而存在。

（三）男女在赡养与继承方面的差异

在前两节介绍赡养和继承的过程中，我们的叙述对象几乎都是围绕"儿子"展开，也清楚地提出，女儿完全不在遗产继承的考虑范围之内。这一节里，我们更详细地从女方角度来展现这种性别差异，并谈谈这种性别差异的演变趋势。

在一个传统的家庭中，女孩的成长历程可能与男孩并没有太大的不同。但一旦女方出嫁，并带着娘家的嫁妆加入男方后，女方与娘家的关系基本上可以称作"一刀两断"：除了在三节（春节、端午节、中秋节，也有的家庭是两节，即春节和中秋节）女儿会回到娘家探亲，并且为父母送上礼物（可以是实物，也可以是金钱，但仅仅是为了表达一种心意）之外，女儿在平时不会，也不应该时常回到娘家，否则可能传出夫家待妻子不好、媳妇不成熟、太依恋娘家之类的流言蜚语。

就赡养来说，在传统观点里，女方不能插手干预自己亲生父母养老的问题，只能全心全意赡养好自己的公公婆婆，这样才能被称得上是贤惠懂得持家。即使自己的兄弟没有善待自己的亲生父母，女儿也不应该去承担这份责任，毕竟女儿的财产算是夫家的财产，不能用于反哺娘家。对于老人来说，他们也认为女儿不赡养自己是合情合理的事情，并无什么不妥，个人的养老应该全权由儿子负责。

相应地，既然没有赡养的义务，女儿自然而然地也没有继承的权利。在我们走访到的样本中，即便是和女儿关系非常好的老人，也完全不会考虑分一部分财产给女儿，认为这是"不合规矩""难以想象"的。女儿同样也认为这样做并不算是针对自己，是合乎情理的。女儿和娘家这样一种财产上井水不犯河水的观念很大程度上与婚嫁的习俗有关，即所谓的"嫁出去的女儿，泼出去的水"，娘家与女儿的联系在送出嫁妆之后已经两清了。关于嫁妆的更多内容将在后文介绍。

（四）赡养和继承之间的关系

在这一节的最后，我们来谈一谈赡养与继承之间的关系。在最开始我们指出，赡养和继承都是以财产为核心的亲、子代间的互动关系。而这两种行为本身也是有内在关联的。俗话道"养儿防老"，父母或许将"儿子"作为了一种投资品，来为自己的晚年生活购买一份"保险"。但是，儿子们作为独立的个体，其行为也要受到各方面的影响和约束，老人们希望儿子为自己养老的心愿有时候难以达成，比如儿子本身不孝，或是之前提到的受到儿媳的干预。为了激励儿子履行自己赡养的义务，亲情的感召、道德舆论都是手段之一。但这往往还不够，因此，遗产分配便作为一种物质激励而产生：谁好好赡养我，我就把遗产留给谁；如果你们不好好赡养我，那么分遗产的时候就没有你的份儿。从这个博弈的角度来说，遗产分配迫使儿子们能够恪守孝道，赡养老人。

二 彩礼与嫁妆

如果说赡养与继承是代际的财产互动关系，那么婚嫁——就彩礼与嫁妆这一方面来看——便是两个家庭之间的财产互动。我们这里说的彩礼（也叫聘礼），是男方家庭在娶妻时赠予女方家庭的财产，嫁妆则是女方出嫁时由娘家置办的、带到男方家庭里的财产。在讲究"门当户对""父母之命、媒妁之言"的中国传统文化的观念中，彩礼与嫁妆在婚嫁中是相当重要的，它们体现了双方家庭的经济实力和社会地位。然而，在现代社会新思潮的影响下，这种婚恋观难免被一些年轻人所摒弃，取而代之的是自由恋爱的观念。在这种新风气的冲击之下，彩礼与嫁妆的传统多多少少有了新的变化，对此我们将在本节最后做出简要分析。

（一）彩礼风俗

根据传统风俗，彩礼由男方家庭向女方家庭支付，一般是现金。彩礼的额度向来很高，在民间早已有父母为儿子存"老婆本"这一说法，可见彩礼这一风俗在传统文化中根深蒂固。就我们访问到的情况而言，魏氏90多岁的老大爷信息最丰富。在他当年娶媳妇的时候，彩礼的数额是800元。而等到他的大儿子结婚的时候，他们家准备的彩礼大概是1800多元。现在，村里彩礼的均价已涨到

10万元左右，20万元额度的彩礼也不稀罕。从这当中不仅可以直接体会到彩礼份额之重——毕竟那个时代的800元或者1800元可以说是非常大的一笔数目——也可以（根据老大爷自己所说的）体会到身边物价的飞涨。

在一门具体的婚事中，彩礼的数额则由男女双方家庭协商得出。通常来说，双方家庭的经济状况、社会地位等都是重要的参考因素。当确定了彩礼的数额时，男方会在订婚的时候先经由媒人之手付给女方家一部分，充当了押金的角色，既向女方证明自己是真心诚意地想完成这桩婚事，同时也给女方提个醒：我已经付了钱，你们不能再轻易反悔。媒人在其中是很重要的角色，她是最初的撮合者，也是两个家庭在婚礼举行之前的沟通媒介，更是起到了对整桩婚事监督和负责的第三方作用。事成之后，媒人便从双方父母那里各收一点钱作为酬劳。通常情况下，这笔酬劳数目不菲，这是媒人特别热衷于撮合介绍，甚至作为一个专门的职业而存在的一个原因。

剩余的彩礼则会在结婚之前悉数补齐，至此，男方家庭不再对女方家庭负有任何经济义务，可以光明正大地迎娶他们的女儿。对于女方父母来说，收到的这笔彩礼钱一般用于自家办酒，剩下的会拿来给女儿置办嫁妆。正常情况下，父母不会自己留用太多，否则很可能会落下一个"卖女儿"的丑名。对于一些家境本来就比较殷实的女方家庭来说，男方送上的彩礼钱可能就是一个传统习俗的象征，他们根本看不上，更不会有私自留用这一说。

(二) 嫁妆风俗

与彩礼相对的，嫁妆是女方家庭给女儿购置准备的结婚用品，一般包括衣服、家具，有些家庭可能还会给女儿购买或赠予珠宝首饰或者是直接给钱。最极端的情况下，一些非常富裕的家庭甚至会给女儿配上小轿车或者房子，送女儿风风光光地出嫁。

在《江村经济》中，开弦弓的现象是，嫁妆的数额大致与彩礼数额相匹配，也就是男方给了多少，女方家庭就得给女儿置办多少嫁妆带回男方家。而在我们访问到的样本中，没有一户声称二者的数额必须相当。他们几乎都认为嫁妆的多少取决于女方家庭的经济水平：女方家庭穷一点，嫁妆可能就少一点；如果富裕一点，嫁妆就会多一点，这也相当于给女儿的生活多一些保障。不过如果考虑到多数婚姻都是门当户对、男女双方家庭经济水平差距极大的婚姻并不常见这一前提的话，嫁妆与彩礼相当也属于正常现象。

关于嫁妆的经济产权归属也并没有什么严格的规定。嫁妆可以是妻子的私人财产，比如首饰、金钱等，这些嫁妆婆婆甚至不一定知道，即使知道，一般也无权过问。妻子对这些财产的处置也是非常自由的，可以自己留用或今后传给女儿，也可以在需要的时候将其拿出来，满足夫家的需求。而其他形式的嫁妆如家具——沙发、电视、空调等——则自然而然是全家共用的财产：嫁妆本身有一个目的就是提高女儿的生活水平，避免女儿在丈夫家生活质量下降。

在之前曾提及，嫁妆就是女儿和父母之间最后的经济上的联系。此后女儿再也不对娘家的财产有任何索取权，自己也不再有任何经济义务。最极端的情况下，如果女儿离了婚，也可能不被娘家收留。但是一般出于情分上的考虑，女儿还是会被允许回到娘家生活。但是如果女儿要再婚的话，女方父母一般就不会再为女儿置办嫁妆。在我们调查到的样本中恰有一名离过婚又再婚的妇女。她的父母便未再为其准备嫁妆。在我们和她交谈的过程中，她始终低着头。也许，在现在的农村里，离婚仍然是一件名声不好的事情，尤其是对女方来说。这一方面可能是因为离婚的妇女会引起周围的人在其道德上和生活作风上的非议，另一方面则可能是因为再婚妇女没有娘家以嫁妆形式给予的经济支撑，在新的家庭中经济地位比较低下，自然也难以抬得起头。

◇◇ 财产转移变更的其他形式

除了上一节中所提到的赡养与继承，彩礼与嫁妆之外，最引人注目的财产转移或变更形式当属土地的流转与征用。土地流转是指农村土地使用权的变化，并不涉及所有权的转让，被流转的土地依然为集体所有；而土地征用则指土地被国家所占用，所有权形式由集体所有变为国家所有，且国家一般会依据土地的质量和大小给予相应的补偿。关于土地制度的讨论，在其他组的报告中会专门涉及。在此，我们仅谈谈我们亲眼观察到的几个现象。

一 以盖房为目的的土地私下交易

前面提到过，土地归集体所有，且土地的性质已做过非常严格的划分（粮田、宅基地等），按照相关规定农村里的土地交易是被禁止的。这里的土地交易不同于土地的承包，后者仅仅是使用权的转移，土地的用途不会发生变化，但是前者往往附带着土地用途的变化，比如从别人手上买一块耕地用来盖房子。之所以禁止私下的土地交易行为，原因有二：一是土地本为集体所有，而这样的交易获利却为个人所得，侵害了集体的利益；二是国家对土地的用途已有明确规定，如果类似的交易被允许，那么大量耕地粮田在短期利益的驱使下将变得岌岌可危，从而损害到国家的长远发展和利益。然而，尽管明面上有着各种各样的禁令，但是土地交易的现象并不罕见。抛开前文所叙宗族与宗族之间关于宅基地的纷争，村民个人与个人之间的纠纷却往往没有那么剧烈。我们访到一户人家新建房屋所使用的部分土地，就是从邻村一户人家那里买来的。当女主人说起这件事的时候，她也深知这样做是违法行为，但是家里建房子是刚需，房屋修建面积不能太小，无奈之下，只能以金钱开路，从邻居家买一份儿地过来。这样的行为是掩盖不了的，村里人大多也都心知肚明，但是并不会多说什么：的确，人情世故，谁能保证自己家未来不遇到这种事情呢？

二 劳动力外流引发的土地处置

由于城镇化的不断推进，青壮年劳动力大量外出务工，家中往往只留下老人和小孩，无人耕作；同时也有很多中年、青年人在外打工多年，赚得一定积蓄后返乡，但这些人往往不愿意再重新回到田野里耕作，他们一般会运用自己在外打工获得的能力、眼界、积蓄去做一些别的工作，如运输、经营等。如此一来，闲置田地的处置成了一个很大的问题。在我们的调查中，闲置土地的处理一般有三种方式。最常见的方式是赠予他人耕作。赠送对象一般是需要种田的亲戚朋友，不收取任何形式的租金，作物收获多少全归对方，自己仅领取国家给粮田的补贴。这样做看似自己并没有得到多少经济上的好处，但事实上人们并不会觉得心理不平衡，因为这样做一是可以送个人情，二是他人的耕作可以使土地保持肥力，今后自家要将土地收回重新耕作，也不需要再花费巨大力气复垦施肥。此外，这种处置方式也几乎不会发生纠纷矛盾，如果自己想要收回土地，只需提前和亲戚朋友说一声，并没有拖着不还的情况。另外，保持土地不荒的情况下领取国家给粮田的补助，自己也可以问心无愧。第二种处置方式是将土地承包出去。这种方式能带来最大的经济利益，但是土地的位置、质量等因素往往使得土地承包不那么容易。第三种、也是最直接的一种处置方式就是将土地抛荒或用作其他用途。这种做法应该是前两种都行不通之后的选择。将土地抛荒也不意味着有什么损失：自从农业税改革后，国家以土地为标准给予农户相应的补贴,虽然土地抛荒后在原则上是不应该拿到补贴的,但是土地管理实际上并不严格,即使是荒地补贴照旧发放的情况也很常见。还有一部分村民会将粮田直接填起来,在上面建房子,这种不通过申请直接将粮田当作宅基地使用的行为是违法的,尽管有很多其他村民向政府反复举报这种行为,但是并没有得到足够的关注,这些违建的房屋目前都还在使用中。

三　土地的征用与补偿

第三个现象是国家征地补偿引发的一些乱象。由于国家征用的土地属于村民小组所有,因此所给的补贴也应该交由小组处置。一般来说,不同的村小组对补贴的处理方式不尽相同。但整体思路便是"分钱不分地,分地不分钱":有的村集体直接将补贴全部发放给土地被征用的农户,而不再重新分配土地(相当于用这笔钱从该农户手中"赎回了"土地的使用权);有的则是将补贴作为集体经费,在小组内重新划分土地。但不论采用何种方式,同一个集体内的标准应当是统一的。然而,就我们了解到的情况而言,有的村民小组对补贴款的处置非常混乱。据魏家一位老人说,村子里一旦出现了国家征地的情况,如果被征的地中不包括小组长家的地,那么小组长便决定"分地不分钱",补贴属于小组所有,并且以各种借口拖延重新分地;但如果被征的地中包括小组长家的地,那么小组长便决定"分钱不分地"。总而言之,虽然村民小组内,小组长所做决策时应该体现小组成员的意志,但在真正涉及个人利益的决策上，相比集体利益，小组长会更优先考虑个人利益。村民们对这一点虽有怨言，却也无可奈何。

◇◇ 渼陂现象与当代中国

渼陂村是中国成千上万个村庄的一个缩影，尽管有很多独特之处，但渼陂现象依然反映了中国农村的共同的发展趋势以及隐含的发展困局。

一 赡养的困境

前文已经分析过，继承的权利相当于是老人为自己的老年生活购买的一份"保险"，是一种除道德约束以外的物质激励，激励儿子们尽心尽力地赡养自己。然而，随着年轻人活动半径的扩大，家中的老房子和土地的吸引力大不如前，遗产继承的重要性也因而大幅下降。在这种情况下，如果亲情的感化和道德舆论的约束也失效了，那么老年人的晚年生活该如何得到保障呢？

我们认为，这个问题需要从三个角度入手。首先，儿子对老人的赡养不应仅仅成为习俗和道德层面上的义务，还必须成为法律法规层面的义务。这还不够，由于老人在赡养的纠纷中无疑属于弱势群体，有时候即使法律条款上白纸黑字，老人也缺乏维权的精力和途径。因此，这还需要相关人员相互配合，共同帮助维护老人的权益。其次，人们对于女儿在赡养中所担当的角色的观念需要发生转变。嫁出去的女儿不应该再成为泼出去的水，在女性的经济独立性不断提高的今天，女儿也需要为老人的赡养出一份力，而不应该再把全部赡养的责任都落到儿子的肩膀上。事实上，由女儿出钱赡养老人的例子在现代社会数不胜数，"养儿防老"的固有观念应当逐渐被淡化。退一步说，当今独生子女承担主要赡养义务时，只有女儿的老人还能依靠谁呢？最后，针对一些孤寡老人，他们的赡养还需要社会福利机构、社保等单位共同出力。如何安置这些孤寡老人，还需要政府连同社会各界共同解决。

二 女儿在娘家角色的变化

尽管在很多老年人的思想观念中，女儿同赡养与继承没有任何关联，然而值得一提的是，这样一种基于传统的男女差异正在逐步消减。就我们了解到的情况，有一户人家，儿子不太争气，拿不出足够的钱来供养老人；而他们的三女儿却在浙江办厂赚了不少钱，每年会给父母寄上两三万元的生活费。事实上，在这个家庭更好地尽到赡养父母义务的是三女儿，而非儿子。在继承方面也有类似的趋势。当我们问一位年轻的媳妇，她的娘家会不会给她分财产时，她有些犹豫，最后给出的答案是"有可能"。随着农村的教育水平的不断提高，各种新想法在乡村的影响力不断扩大，虽然老一辈人依旧认为赡养和继承的对象只能是儿子或是父系亲属，但是这样一种观念在年轻一代的心中逐渐淡化，甚至土崩瓦解。当那位年轻媳妇老了之后，说不定她便会做主将家产也给女儿分一部分。

三 女性在婚嫁中地位的提升

由于基础教育的普及，女性社会经济地位的提升，以及人口流动性的增强，传统媒人介绍形式的婚姻越来越少，本地区内、同一个省内、甚至不同省份之间的自由恋爱都已经屡见不鲜。在这种新观念的影响下，一方面，由于隔了几个村风俗就可能大不相同，遵守男方或者女方家庭当地的婚嫁风俗变得更加困难；另一方面，受城市文化的影响，老家传统习俗对于年轻男女的束缚日渐减弱，传统婚嫁的很多环节在实际执行中被删除或是一定程度地被修改。彩礼和嫁妆作为其中一环自然而然也会有所不同。

据我们遇到的一些受访者所言，一些在城里认识的年轻夫妇之间不会采用提亲、送彩礼等礼数，有的最多给女方家里送个大红包。在现在很多人看来，花10多万元从岳父岳母那里将他们的女儿"买断"的确是一种不妥的行为，更是对女方的一种不尊重。可能也正是因为没有了彩礼，女儿与娘家的关系也不会像传统关系那样泾渭分明。在我们遇到的访户中，一个嫁出去的女儿带着自己的小儿子回娘家来探亲，而且打算待很长时间。从传统眼光来看，这种带着儿子回娘家的行为容易招致非议，也是给娘家人增添负担；但是在当今，这是一件稀松平常的事情。就嫁妆而言，女方家里一般会很贴心地给女儿置办嫁妆。这样做的主要目的不是彰显自己的社会经济地位，而大多是真心希望女儿未来能有一个高质量的生活。

从这两个方面我们都能体会到，女儿在娘家的地位确实比以前提高了不少。

在新思想的影响下，婚嫁当中财产转移的情况已经有了很大的不同，婚嫁过后媳妇与娘家的财产关系也不再是绝对的一刀两断，这生动体现了当今女性社会经济地位不断提高的现实。

四 土地交易的收与放

尽管土地交易被禁止，但是村民当中私下交易土地的行为却依然存在。根据调查的结果，我们可以猜测我国农村土地交易的行为并不罕见。说到底，依靠行政命令对土地交易做出限制，难免会产生一些监管者难以觉察的"黑市"。

其实，不仅是村民与村民之间小规模的土地交易，即便更大规模的土地交易也因为各种行政管制而带来效率的损失。因此，关于土地交易的权利究竟应该放到何种程度，是需要深入调研、共同讨论的。在土地交易的众多方案中，重庆发明的地票交易颇具创造力。所谓地票，是指包括农村宅基地及其附属设施用地、乡镇企业用地、农村公共设施和农村公益事业用地等农村集体建设用地，经过复垦并经过土地管理部门严格验收后所产生的指标。企业购得的地票，可以纳入新增建设用地计划，增加相同数量的城镇建设用地。比如一些废弃的远郊乡镇企业用地，就能通过这种形式复垦并通过验收后，获得"地票"，然后再拿到主城区"兑现"。一方面，农村建设用地浪费问题得到了解决，另一方面，也解决了城市建设用地紧张的矛盾，城市建设用地增加和农村建设用地减少挂钩，保证了城乡的建设用地总量不增加、耕地总量不减少。在需要守住耕地的红线、但又要缓解各种用地开发紧张的局面下，这一类市场有很大的应用空间。土地问题涉及国家治理和社会稳定，但同时也关乎着14亿人民的民生，如何把握好土地问题，是国家和社会面临的一道不得不解决的难题。

◇◇ 小结

经过多年，原以为人们的养老观念已经有了巨大的转变，但是在溇陂这样一座充满多年文化滋润的古老村庄，长子为尊，出嫁女儿是外家人等观念仍然根深蒂固，影响着当地人财产分配的决策。但是许多的传统现象随着形势的变化，也在逐渐淡出人们的视野。例如曾经被视为农民最重要的财产的粮田，已不再受到那么多人的重视，更多年轻人在外谋生，而家里仍然持有土地的唯一激励就是土地补贴。许多田地送人耕种，甚至任其荒废。

分家越来越少，独生子女一代成为主要劳动力的同时，因为不存在更多的兄弟姐妹，老一辈的财产也不存在更多争议，另外，年轻一辈更多的想要在外打拼，老家的财产对他们而言，除了精神上的意义，在经济上的吸引力日渐减弱。年老的父母，和归家的孩子大都住在一起，并不分开，父母去世，财产自动归属唯一的男孩子。但这里的人并不会考虑将并不再具有吸引力的房屋处置掉，他们对于宗族，对于根的依赖还是相当重的。

家庭中的大家长不再是常见的现象，无论是夫妻为主的核心家庭，还是夫妻与公婆共同居住的家庭，很少再有在家庭之中具有支配地位的大家长，在家庭议事中，往往充分发挥民主的精神，大家一起"商量"。在开弦弓，不是家长的人，对物的享有权既有限也不完整，这样的现象，在如今的渼陂，可以说已经相当稀有了。

第四章

乡村治理结构、社会资本[*]

◇◇ 家庭和邻里

家庭是乡村治理结构的最小单元，研究乡村治理首先要将乡村最原初的结构厘清。渼陂村的家庭概念与我们的普遍认知相同，是以亲缘关系为核心构成的单位，一般规模在3人以上、10人以下。费孝通先生在《江村经济》中提到过非亲属关系而进入一"户"共同生活的现象，现在这种现象已经基本不复存在。在渼陂村中，每家每户都修建独栋的小楼，孩子们长大后会进行分家，每人又修建自己的新家，建立自己的小家（由于女儿会嫁到别家，因此女儿不算在内）。家庭中的青壮年劳力一般都外出打工，留在家中的主要是老人、孩子和妇女。

家与家是以宗族为核心相联结的，同姓的人家聚居产生村落。在我们所走访的村落中，以祠堂为核心，每个自然村都有自己的宗

---

[*] 本章作者为王昱博、蔡韦成、唐何文嘉。

族秩序，如镜湖村是刘氏，柿林村是罗氏，渼陂村是梁氏。也存在着少量混居的现象，如柿林村里有几户肖氏人家，虽然由于他们来此地的历史久远，他们被默许和罗氏一起居住，但是他们并不被允许进入罗家的祠堂，被独立于宗族秩序之外。

由于同族人构成村落的缘故，村落中的邻里关系较为和睦。在同一村落中，许多村民之间都具有亲缘关系。村民们对于自己外出，将房子交给邻居照看一事普遍都表示出于信任。在家中遇到急事时，村民们也会考虑向关系较好的邻居或者亲戚进行借贷，而这种借贷通常是不收利息的。村落与村落之间，即异姓之间有时会因为土地、水源等问题发生纠纷和争论。

◇◇ 自然村与行政村

下面介绍自然村，行政村，村小组三者的概念。自然村是指村民在多年的生活中，在某处自然环境中形成的一个聚居点，一般由同姓同源的人组成。而行政村顾名思义，本身是一个行政单位的概念。在现实生活中，一个行政村往往是由若干个自然村组成的，行政村设自治机构村委会。村小组则是由行政村主导，建立的时候基本以自然村为界线，但是也存在自然村间少量混编的现象。

这次的实践中，我们去的是文陂乡下的渼陂村，这里的渼陂村指的就是一个行政村，它是由其中下属的最大的古村（也叫渼陂村，当地人一般称呼其为"古村"作为区分）得名。而渼陂村下又有几个小村，比如说渼陂（古）村、镜湖村、柿林村、魏家村等，这些就是自然村。识别自然村最主要的特征是村民的家屋位置相对集中，不同的自然村间常有一定的距离和间隔，比如说马路或者河流；而且自然村往往存在一个占绝对优势的姓氏，比如说镜湖村对应刘姓，魏家村对应魏姓等。

◇ 乡村的治理结构

中国乡村的治理结构，从古至今，各种形式、各种机构名目繁多，变化不断，但在这绵延不断的变化之中，也有贯穿其中的不变因素。我们调研的江西省吉安市青原区文陂镇渼陂村，体现了这一点。

首先明确村内部分机构或组织的概念。"村两委"即党的支部委员会和村民委员会。村民委员会简称"村委会"，是村民选举产生的群众性自治组织。前身是生产大队。村民委员会由主任、副主任和委员共3—7人组成，3年一届，换届选举分海选和投票两个阶段，在海选阶段，每个选民可提名任何一个人，汇总后得票最高的几位成为候选人，第二阶段实行差额选举，从海选选出的候选人中投票选出村主任、村委会委员。村委会下设会计、民兵连、治保、妇女等机构，负责人一般由村委会委员兼任。

村民委员会可以根据村民居住状况、集体土地所有权关系等分设若干村民小组。实际上，村民小组的前身是集体化时期的生产队，其划分源于组织生产的需要。行政村内两个以上各自独立的农村集体经济组织，一般是指由过去的生产队沿袭下来的村民小组。一般来说，一个自然村是一个村民小组，比较大的自然村里有多个村民小组，也有少数村民小组存在跨自然村的情况，主要是因为其前身生产队当时是主要根据生产方便来划分的。村民小组组长，可以由村民小组会议推选，但经常由村委会指定。

村民小组或自然村可设立村民理事会。村民理事会的理事就是村小组或自然村成员的代表，负责决定一些事务。

渼陂村既是一个行政村村名，又是一个自然村村名。渼陂行政村包含数个自然村，其中渼陂自然村规模最大。在第二节已经介绍了自然村和行政村的区别与联系，下面介绍自然村内部的情况。渼陂村由梁氏祖先开基于南宋初年，已有近千年的历史，从基祖绅公至今历传了33代。渼陂村水运方便，人口稠密。元末明初，渼陂街随着发展的需要，分节段不断延伸；至明朝宣德年间，街市日趋完善，店铺鳞次栉比；至清光绪年间，渼陂街处于鼎盛时期，不仅有一百多家店铺，还建有规模宏大的建筑群，形成了以梁显哲、梁显召、梁显豪、梁显吟四兄弟为首的四大商业巨头（当地人称"四大家族"）。后来，由于种种原因，渼陂村逐渐走向衰落，但其在当地的影响力依然存在，历史上的治理结构依然有留存，人口依然众多，村庄占地1平方千米，有600户人家，2800余人。

"四大家族"分为5个堂，5个堂的第一代便是梁显哲、梁显召、梁显豪、梁显吟四兄弟。求志堂规模最大，有2个堂长，其他堂各有1个，堂下有房，房下有支，分别设堂长、房长、支长。堂长三年换一次，在堂内的会议上选定，参会者是各支的支长。支长来自各个家族，村内每名男性三代以内直系或旁系血亲中必定会有一名支长。堂内由德高望重者提名的堂长人选，与会者一般无反对意见。求志堂两个堂长由4个房的房长轮流担当。堂长自动成为自然村村长，正村长由求志堂堂长担任，其他相当于副村长。这就是村民口中的6个村长。堂长、房长、支长，都不是专职，都是兼任的，但对于村中的大小事，他们都有很重要的影响力。这是自然村里的情况。

村委会换届选举时，有海选和投票两个阶段。由于溇陂村梁姓规模大，所以梁姓占据要职。选举时，因为平时关系就近，溇陂村各堂人一般都会投本堂人。候选人会委托堂长向本堂人拉票。

溇陂村村内其他自然村的村长和村民理事会：选举村长时，在村里广而告之，村民都会过来，围坐在一起开会，推选村长人选，一般是由德高望重者提名。村民理事会同理，一般其组成成员会覆盖到村内各方势力和家族，成为各方都可以接受的结果。

据村委会主任讲，村民小组组长由村委会确定，负责生产。款项方面，村民小组和村民理事会各有一些职权划分。实践中，村民小组和村民理事会的职权还是比较大的，拥有集体资源的分配权，即钱的分配权，但资金的去向还是很透明的，每一笔都会公示。

村委会是全职的，财政发工资，但也有兼职做其他挣钱的事情。村民小组、理事会等都是兼职的，财政有极少量的补贴。有时，上面给村民小组或理事会拨付的款项，再发到村民手中时会有部分扣留，扣留部分是用作村小组或理事会划分款项造成的一些费用（如人工费）。

农村的很多事情，无法严格做到按规定来，实际操作中有着很大的灵活性。但最主要的原则就是照顾到各方势力，维持一种平衡，做符合力量对比的事。

◇◇ 宗族力量

渼陂村的宗族力量，是让我们感触特别深的。上节中提到的选举，处处都有宗族力量的影子。渼陂梁姓人口多规模大，更重要的是各姓氏内部凝聚力强、比较统一和一致，有着一系列传统和约定俗成的做法，这就造成了村委会选举中，梁姓成员必定占据要职。梁姓村子内部，即渼陂村内，堂长、房长、支长的选举，也都充斥着宗族的力量。

通过调查，我们发现按宗族力量对比办事实际上是行政村内治理的主要依据。在各宗族之间的势力平衡下，弱势宗族的权益较难得到充分保障。但如果不按照宗族力量对比办事，将一件事都办不了。如果上级政府制定一个政策，照顾到有冲突的一方，而势力大的另一方不满意，即便这个政策在旁人看来合情合理，也很难执行下去。一些鳏寡孤独者的正当权益，在平衡和斗争中也容易遭到忽视。有几个问题引起了我们的关注：贫困户确实都很贫困，但他们真的是村里最贫困的人吗？改善几户鳏寡孤独者的生活条件，对村里其他人没有任何好处，国家政策的执行者是最基层一级的政府即乡镇政府，最多到村委会，而村委会甚至乡镇政府都是主要依据宗族力量对比办事的，对这些人的政策扶持究竟能不能落到实处？这些问题都有待观察。

◇◇ 行政体制与基层自治

乡村是行政体制与基层自治的交汇点。行政体制从中央、省、市一直到乡镇，是国家治理的主线，乡镇政府是行政体制的底端，而在村一级则没有政府机关，按照国家法律规定，村一级实行的是村民自治，有经过选举产生的村民委员会。但乡镇一级政府的决定要靠村一级去执行，这时村两委便成为乡镇政府决策的执行者，村两委实际上成为了行政体制的延伸。无论古今中外和国家大小贫富，科层体系都不可能单独治国，人民自治向来重于科层之治。这是政治铁律。科层体系能办国家"大事"，却办不了居民社区里日常的"小事"。社区自治组织能办"小事"，却办不了国家的"大事"。然而，居民社区生活的"小事"恒定重于国家"大事"，因为"民心"主要系于"小事"而非"大事"。共产党早年无钱无枪，办不了国家"大事"，却下基层认认真真地组织村庄社区，办妥了民众的"小事"。所以，作为行政体制和基层自治的交会点，两者之间发生的碰撞和交互，必然会在乡村有所体现。

下面还是从实践过程中发现的问题入手进行分析。

一　柿林村基础设施建设问题

在柿林村中，我们经过了水泥路面，来到了一户人家。当问及新农村的水电建设问题时，农户表现出对于（自然）村内的基础设施建设并不满意且有着很强的表达欲望（这与她对我们身份的误解有关）。在柿林村，村里虽然修建了很美观方便的水泥路，在下雨的时候不用担心会出现烂泥地，据传闻是花费了约10万元，可是大姐认为这属于"面子工程"，村里并没有很好地利用这笔款项来解决村民们日常生活的问题。大姐举了公厕的例子，认为这个的需求比水泥路面更为急迫，但是村里在修建的时候并没有考虑。当然我们也有一些疑问，比如说在这样一个看起来只有几十户人家的地方是否有必要建立公共厕所，以及是否有能力维护等。当我们将疑问表达出来后，大姐想了想，就又举了另外的例子。

首先是村里饮用水的问题。行政村最主要的马路呈现一个"L"形，柿林村的位置在马路的西边，"L"形中被半包围的内侧，同在这边的有一部分的魏家村，还有一部分隔壁行政村的袁家村。在这一块，村里是没有通自来水的。这一块的人一般家中有着净水器，利用其使用地下水；而对于饮用水，如果家中条件尚可，一般会去马路对面的古村村口，购买桶装饮用水。一般家家户户都有井，来汲取地下水，但是地下水并不是很健康。村民说地下水喝起来有一股苦味，并且容易使用具生锈，如果有条件，那么洗衣服、拖地的水都会经由滤水器进行过滤，洗澡的时候更是常常会过滤两遍，即使这样，村民仍然担心水的质量。村中的费用，对于村民来说并不是一个较小的开销，在拨打了当地墙上的钻井广告后，我们了解了一口柿林村的井，价格基本在1000—2000元。而马路另一边的古村，和村西北边的安置房与乡政府，却都是有着洁净、方便的自来水的。这个现象虽然解释了村里为什么会没有公厕（毕竟自来水对于现代化的公厕来说还是十分重要的），却也带来了一个很奇怪的问题，短短的一路之隔，为什么就没有通自来水？虽然后来我们也询问了其他的村民和一些村委会的干部，但是他们基本上并没有对"为什么"进行解释。

另一个困扰的问题是村里的排水渠年久失修。一个是渠道内长满了杂草，导致排水能力大打折扣。另一个是渠道本身的排水能力有限，需要扩建。且据说渠道本来是通向马路与古村东侧的大河里的，但是后来因为渠道满载时，柿林村与大河之间的村的水会更大，于是被人截断了。

二 村公路失修问题

在马路的东侧，渼陂古村的北边，是古村居民迁出后新盖的房屋。去调查的时间正好是下大雨，我们发现新的房屋虽然已经改好多年，但是路面坑坑洼洼，到处是红土与泥泞，仅有菜市场一块有一小部分水泥路面，目测总距离为2千米左右，宽度约为6米/12米（其中以12米的道路居多）。一位村民大姐说，其实原来是有基本的路面，但是因为2018年年初的时候开始重修后到现在一直没有修好。村委会领导解释是与之前发生的2017年年底的贪腐事件有关，但是否是因为贪腐问题造成道路断修并没有得到明确的答复。原因是之前来调查贪腐问题的官员取走了大多数相关资料，加上这一批新的村干部上任时间分别为2017年年底与2018年年初，对于整个情况也了解不足。但在村民大姐和那位村委会领导看来，造成这个路面小半年也没修好的问题的根源确实是贪污腐败。

我们也根据自己的常识试着给出一些解释。首先这种新村的路面究竟是谁应该负责引起了我们的关注，理论上中国公路的修建规则应该是至少由党领导的行政体制内的政府进行，具体应该是需要各级政府的交通主管部门参与。但是，根据《农村公路建设管理办法》第2条可知，"村道是指除乡道及乡道以上等级公路以外的连接建制村与建制村、建制村与自然村、建制村与外部的公路，但不包括村内街巷和农田间的机耕道"，所以我们看见的路其实是不属于《农村公路建设管理办法》的管辖范围。我们发现仅有少量的大型机器正在村内作业，工作人员也较少，所以工程投入资金明显是不足的，这是我们唯一可以确定的一个结论。可见，乡村基层的财务能力对于事关民生的基础设施建设有着较大的影响。

经过上述两个案例讨论，我们发现，乡村的问题很多时候是表现为最直接的利益问题——资金问题，一分为二地看，就是资金的筹集与使用方式的问题。因此如何让乡村更好地发挥其治理能力，是一个值得关注的问题。

◇ 宗教和文娱团体

一 宗教和习俗情况

渼陂村的宗教按照村民们自己的说法是"信佛教",而这种佛教其实也不是传统和严格意义上的佛教,而是以菩萨为中心,佛教和民间信仰相结合的一种信仰体系。村民家家户户都会在正对大门的地方供奉菩萨、财神爷、土地神,每月的初一、十五都会放爆竹,用两支蜡烛和三支香拜菩萨。平时要先放爆竹才能请动菩萨,不放爆竹菩萨神像是不准动的。每年的二月十九是菩萨的生日,此时大多数村民不仅会放爆竹,而且会上山上的庙里拜菩萨(也有说法是二月十九,腊月十九,六月十九,九月十九都会上山拜佛)。

该地区也有少量基督教徒,但活动一般比较隐蔽和低调,也不会有公开传教的活动。

除了宗教方面外,全年的习俗基本还有:大年初一,全村的成年男性会在祠堂开茶话会,并一起在祠堂守夜,在早上一起推开祠堂的门,这个活动被称作"开门大吉",然后各人再回去把自家的小门推开。正月十三,全村人会聚在一起,为全年出生的第一个男丁"喝茶酒"(又叫祝姜酒),这顿饭是不炒菜,只吃干粮的。魏氏在添丁方面有比较独特的习俗,只要生男孩,就会吃两天两夜的酒,白天在女方祠堂家里办,晚上在男方祠堂家里办。每年的八月十五中秋节，村里会举行"烧佛塔"的活动，佛塔是由砖垒成的三角形的空心建筑，烧佛塔就是在佛塔中放稻草并燃烧，有的村的佛塔是长期建筑，有的村的佛塔是每年临时搭建。烧佛塔的起源我们不得而知，但是其确有祈求菩萨保佑，招来好运的意思。每年农历二月二日，传统被称为"龙抬头"，渼陂古村会举办文化节，其时会有划龙船、舞龙、舞狮等活动，上级领导也会来观看。

每年的过年和端午节（五月节）是两个比较重要的节日，在外打工的年轻人也会尽量回家，全家聚在一起。村里的红白喜事都会在祠堂里办，每个姓都有自己的祠堂，祠堂一般不允许外姓人在此办酒席（也存在租的现象）。由于梁姓家族较大，下分5个堂，每个堂都有自己的小祠堂，全村的祠堂则在渼陂古村的永慕堂。梁姓的红白喜事一般都会在本堂的小祠堂办，如果想在大祠堂办则需要宴请全村60岁以上的老人，因此一般只有财力雄厚的人才会办。镜湖村在祠堂使用方面也有比较严格的规矩，如果村里有老人过世，寿命七八十岁的老人可以进大祠堂，五六十岁的老人只能进私家的小祠堂。

结论：我们的调查发现，渼陂地区的传统宗教习俗的秩序实际上是比较严格的，虽然村民们也有反映传统习俗淡化，宗族秩序松散的现象，但横向比较其他地区仍然是传统秩序很强的地区，其中一户村民在听说我们平时不用拜菩萨时感到十分惊讶，而这种较强的传统秩序也和乡村治理之间形成了张力，带来了一些问题。

二 文娱团体和文化活动

村里的文化生活较为匮乏，精神生活比较单调。由于年轻人大多外出打工，留在家里的都是老人和小孩，平时除了有些家的老人每晚聚在一起跳广场舞以外，一般的活动只有在家里看电视。有的村里有棋牌室，打牌是男性村民的主要消遣活动，农闲时男人们会聚在一起，打牌聊天。在村委会大楼里有名为"农家书屋"的机构，里面有上级政府配送的一些图书，是国家为了丰富村民的文化生活而设立的，但根据村干部的说法，来看书者寥寥，农家书屋基本成为了一个摆设。

同时我们还发现了商业活动和村民文化生活交织的现象。渼陂景区每年农历二月初二搞的旅游文化节也是村民们的一项重要文化活动之一，富渼农庄每年7月的荷花节会举办文娱表演活动，演员多为附近的村民，商业表演同时也成为了村民们自娱自乐的一个舞台，有增强该地区村民凝聚力的作用。从某种意义上而言，其娱乐功能甚至大于了其商业功能。

◇◇ 小结

上文从宗族、行政、自治、文化等方面对乡村治理进行了描绘，据此本文针对渼陂村的治理提出建议。我们认为良好的乡村治理需要把握好以下六大平衡：一是科层行政体系和基层自治组织的平衡，二是传统礼治秩序与行政管理体制的平衡，三是姓氏宗族势力与弱势群体利益的平衡，四是熟人社会原则与法治体系的平衡，五是村民个人利益与全村整体发展的平衡，六是行政村内部各自然村、各宗族之间的牵制与团结的平衡。总的来说，就是实现党领导下的自治、德治、法治的有效结合，就是坚持问题导向、坚持以人民为中心的发展思想。

乡村治理要进一步理顺"行政体制"与"基层自治"的关系，强化基层党组织建设，使农村的事业拥有坚强领导核心。一是要配优配强村党支部班子，以判断力、号召力、执行力为主要标准，确保村党支部书记优中选优；二是要加强村民教育，使全体村民参与到本村治理中来，定期召开全体村民大会，减少村民与村两委之间的信息不对称；三是要以民主集中制原则处理村里大小事务，村两委主动作为，大家的事情一起办；四是要坚持以人民为中心，切实将村民的生活感受作为考核依据，少搞填表问卷式的调查，缩小调查规模，多做深入群众的调研；五是要杜绝村两委行政化，避免其成为科层体系的一部分，增强从乡一级到村一级政策执行的灵活性，充分照顾本地区实际，因势利导地解决问题、落实政策。

总体而言，本次调研发现渼陂村治理的最主要特点是传统礼治秩序与行政管理体系的碰撞融合，科层体制与基层自治的交会融合。矛盾与问题源于此，光明与希望也源于此。乡村治理的思路就是以法治定纷止争、以德治春风化雨、以自治消化矛盾、以党建凝聚力量。乡村治理的目标就是实现人民群众对美好生活的向往。

第 五 章

乡村生活方式[*]

◇◇ 经济变革对于乡村生活的冲击

如果我们沿着历史向前追溯，追溯到江村的桑蚕、鲁镇的社戏，追溯到王维的山居、陶潜的田园，追溯到《诗经》里面的"七月流火、九月授衣"，我们会发现中国的乡村是一个多么稳定的存在。日出而作，日落而息，乡村的农民周而复始地耕种水稻、小麦或者其他作物，他们从父辈那里学习了耕种的方式，生活的礼仪，并准备传承给自己的下一代。生于斯，长于斯，叶落之时也将归于斯，乡民们安土重迁，乡村是乡民们生活的地方，也是乡民们最终的归宿。

然而，乡村并不是一潭死水，相反，乡村一直在发生着变化，而在近几十年乡村的变化尤为迅速。自给自足的小农经济仍然是乡村家庭的主要经营方式，但是总显露出后继无人的颓势：大多数乡民仍然在吃自己所种的稻米、蔬菜，但是他们的儿孙一辈大多外出

---

[*] 本章作者为夏宏远、吴旌、张雅乔。

务工，务工的薪水虽然说不上丰厚，但是已经远远超过了糊口所需的费用，市面上普通的稻米不过两三块钱，一个普通的三口之家一年一千斤稻米绰绰有余，算下来还不到外出打工一个月的薪水，技术进步带来的生产力的大幅提高使得乡村自给自足的生产方式显得单薄无力。技术进步所带来的房屋的变化、生产工具的变化、出行方式的变化从古至今贯穿了乡村的历史，但是，年轻一代的大量外出却是乡村历史上从未出现的，这也使得近几十年乡村生活的变化是前所未有的。经济变革与技术进步幅度之大，使得近几十年乡村生活所发生的变化丝毫不亚于过去几千年乡村生活的变化。

　　与此同时，伴随着经济变革，政府在乡村生活中起到了越来越重要的作用。在中国的乡村，60岁以上的老人每月都能领到政府发放的养老金，"养儿防老"仍是中国乡村的主流观点，但是有被动摇的趋势；几乎每个村落都有政府修建的马路和水电网络，乡民们享受着现代社会的诸多便捷；政府制定着乡村未来的蓝图，建设乡村生态观光区、修葺古村落的建筑、宣传地方特色的节日等以推动乡村旅游产业的发展。总之，随着村落与外界逐渐联通，政府在乡民的生活中扮演着越来越重要的角色，与中国古代政府只负责收税与治安相比，现代政府几乎影响到了中国乡村的方方面面。

　　诚然，乡村生活的迅速变化使得人们开始担忧乡村在不久的将来会不复存在，中国人的乡愁将无处安放，但通过我们的观察，我们发现乡民们对于这种迅速的变化安之若素：女人们骑着新买的电动车回自己娘家，男人们用雇来的耕地机收割作物，年轻一代外出务工，于是逢年过节定期回家成为乡村生活的惯例，窗明几净的新房现代家电一应俱全，可乡民们仍然在最醒目的位置给神灵留了一席之地。换言之，经济变革对于乡村生活的冲击远远没有想象中那么剧烈，乡民们将外界世界的种种变化悄无声息地融入自己的生活中。表面上看，乡村生活方方面面都被现代世界的产物所占据，可实际上，中国的乡村就像是吸水的海绵，不断吸纳新鲜的水分，使得自身越发厚重。

基于此，本章试图描绘新时代中国乡村的生活方式，从住房、交通、教育、医疗，到日常娱乐、宗族活动，以及家庭消费等。我们注意到经济变革、社会进步对于乡村生活的重大影响，但是我们同时也注意到乡村生活的相对稳定性，变革与稳定在乡村生活中交织在一起，使得乡村生活方式既与传统一脉相承，又展现出诸多不同。

◇◇ 画像：乡村生活时间表

农村生活对于自小生活在城市中的人来说是非常陌生的。一望无际的耕地、吃草反刍的牛羊只是人们想象的美好田园生活，日出而作、日落而息也仅仅是太过笼统的描述。真正意义上的乡村生活是单调、繁重的，一张乡村生活时间表无疑是必不可少的。

经过对许多家庭的调查，家庭中主要劳动力——通常是五六十岁的男主人——典型的一天主要工作安排可以总结成下表（见表5-1）。年轻男性一般在城里打工，女性除了偶尔去帮工外，一般会留在家中照顾孩子以及做饭。如果遇到下雨或下雪天，那么男主人的农活基本上完成得很少,大部分时间一家人会待在家中,这就有了大量的闲暇时间。

表 5-1　　　　　　　　　乡村生活时间表

时间	工作
4：30	起床
5：00—7：00	出门干农活： 把鸭子赶到水塘里； 割草； 喂鸡、鸭子、鱼； 种地,浇水,施肥,除草
7：30	回家吃早饭
7：45	送孙子孙女上学
8：00—11：30	回家继续干农活
11：50	接孙子孙女回家
12：00	吃午饭
12：30	送孙子孙女回学校
13：00—18：00	回家继续干农活
18：30	吃晚饭
18：30—20：00	看电视
21：00	睡觉

在这种日复一日的过于规律性生活的背后,正如前文所说,蕴含着大量有故事的话题值得我们去探讨。因此乡村生活又是醇厚、韵味悠长的。

◇ 家庭消费

近百年前的江村,仍然以农民自给自足的小农经济为主体,农民大多数农产品的消费仍然来自自留地的生产；但在当时，市场的影响已经开始在农民生活中有所体现：国外的日用品大量倾销涌入，冲击了原先的农村手工业，农民开始使用上工业生产的产品。而几十年以来，农村的家庭消费既有巨大变化，又有着沿袭与不变。

一个典型家庭一年的消费如表5-2所示。由于对于多数家庭来说，自家的生产仍然是食品的一个很重要的来源，而自给经济的部分未纳入村民的消费，因此，家庭消费的支出仅仅反映了农村生活维持所需要的货币量。此外需要说明的是，对于农村的老人来说，部分商品来源于在外打工的子女逢年过节的送礼（例如过节拎两箱牛奶，过年帮忙买新衣，送烟酒等），由于这些物品大多不是维持生活所必需的，而且收入来源在城市，因此也不计入一个典型农村家庭的开支当中。

表5-2　　　　　　　　渼陂村典型家庭年度消费支出表

支出种类	支出款项	金额（元）
食品开支	食品加工费（水稻去壳，油料榨油）	500
	蔬菜水果	1000
	调味品（以酱油、盐和味精为主）	200
	肉类（鱼，家禽，牛羊肉）	1800
生活开支	燃料（包括交通工具和农用设备用油，取暖用炭和液化气）	600
	医疗开支（去除报销部分之后）	1000
	水电费、网络费和手机话费	2000
	日常护理（日用品和理发开支）	600
额外支出	额外食品开销（零食饮料下饭馆等）	100
	服装	300
	娱乐开支（烟酒、赌博）	1500

续表

支出种类	支出款项	金额（元）
其他支出	教育开支（包括学费、课本和学习用品等）	800
	医疗保险	900
	人情开支（包括随份子，过节送礼等）	1500
合计		12800元

从这个简单的家庭消费开支表当中，我们对现在农民的生活方式，可以窥见一斑；其中几项开支，反映了农村生活的一些独特方面：

医疗开支由于家庭情况的不同，支出额也不尽相同；但是，医疗开支自付的部分平均下来也有每次千元左右，这是因为目前的看病对于普通农村家庭来说还是高不可及的。这是由三个方面的因素导致的。首先，医疗成本本身的确较高，尤其是医疗保险对于慢性病的用药报销几乎没有，这更加重了患者家庭长期的负担；其次，看病的交通成本，村镇医院能解决的问题非常少，基本都需要进城里的大医院看病，大多数病在青原区人民医院和吉安市人民医院都可以解决，但是也有一些疑难杂症在这样的四线城市医院难以诊断医治，需要去省城甚至更远的上海看病，其中的住宿、交通等成本对于农民来说都是非常高昂的；最后是，患者和医生群体之间的不信任拉深了隔阂，农民说起医生，普遍是"坑钱，没有医德"，以致形成了对现代医学的普遍不信任，而转向中医、民间偏方等方式。这些渠道往往没有安全和法律保障，常常是投入了很多金钱然而毫无收效，甚至被江湖郎中骗走辛苦钱的情况也偶有发生。在我们走访的一个家庭，男主人曾经还是村子里的村长，然而在女主人患上慢性病之后花尽了全家的储蓄，如今已经成为村子里最落魄的一户人家；看着墙上早已褪色的宣传画，和除此以外没有任何家具和装饰的客厅，不禁让人潸然泪下。在中国农村，"因病致贫""看病难，看病贵"问题依然严峻。

随着科技进步和工业体系的完善，家庭消费的商品种类极大丰富了。在江村经济的年代，市场购买的产品当中还基本以农具、肥料和蚕丝业开销等与农业生产密切相关的物品为主，对于农民生活质量的提升并没有太大帮助。而现在的农村，即使是比较贫困的家庭，也早已用上了手机、有线电视和互联网，比起当年乡下人不知朝里事，现在就算是目不识丁的老伯伯也能对新闻上报道的国家大事说得头头是道。此外，电动车这样的廉价交通工具也大量普及。在现代日用品方面，虽然洗衣机、电冰箱等对于少部分较贫困的家庭还是无法承受，但是普及率也已经相当可观；电视、手机和电话的普及率，则是基本达到了100%，极大改变了农村的娱乐生活方式。农闲时刻，人们更少去和邻居唠嗑，而更喜欢躺在床上看电视剧，年轻一点的则会在手机上刷抖音，屏幕里的大千世界逐渐取代了真实世界的邻里好友。

在生活方式上也有值得关注的具有普遍性的问题，比如烟草消费的普遍程度。村子里90%以上的成年男性都有烟瘾，其中一大半都是每天一包烟以上的老烟民；而且无论家里条件如何艰难，哪怕是穷的揭不开锅吃不上肉，烟也绝不能少。又苦于没有钱买烟，就只能抽一包几块钱的劣质烟过瘾。这些烟的劲儿很大，大多数农民的牙齿都因为常年的吸烟被熏得蜡黄，老年人当中因此患病的也不在少数。相比百余年前鸦片对中国农村的侵害，烟草的影响虽不至于如此恶劣，但也足够深远。

在与百年前变化巨大的同时，农村居民的消费也有着一些延续，即主要靠自给自足（尤其是食品）的现状仍然改变不大。由于用地紧张，无法使用大型的耕种机械，每户的产量潜力非常有限（在唐湖村，人均耕地面积仅有三分不到）；而在计划生育执行并不严格的当时，这意味着除了自己食用以外，很少有结余可以在市场上出售。这就造成了，农民留以自用以外，很少有粮食能够在市场上换取货币；但是越来越丰富的消费种类，又要求更多的货币。"开源节流"两方面，农民一方面是增强有限土地的精细耕种程度，实现几乎一年不间断，保证油料、蔬菜等的自给；另一方面，则是出外打工的流行。实际上，几乎每户家庭都有人在外打工；打工的收入是家庭现金收入的基本来源。

◇ 住房

乡村的住房已经与先民们有了很大的不同，那些保存了上百年的古建筑要么成为旅游景点或者危房，无人居住，要么尚且有人居住，但只保留了外在的骨架和造型，内部已经被粉刷加固。新建小楼在乡村已经成为一种风尚，乡民们对于乡村和祖先的依赖使得他们安土重迁，有些乡民在古宅附近建起了新居。对于这种缺乏统一规划的风格，城市的人颇为反感，认为这丢失了乡村的古韵，与紫禁城外建设高楼大厦如出一辙,但是在乡民们看来,祖宅是生活的一部分,新房也是生活的一部分,新房宽敞且采光好,又不漏水漏风,而且彩钢琉璃瓦比以前的青瓦要艳丽许多,这些优点是祖宅无法比拟的。

　　乡民们的新房大多有三四层,因为新房光线很好,已经不再需要祖宅里面的天井之类的构造,大多数乡民的房子进门即是一个小院落,散养鸡鸭,并种有当地常见的观赏树种。我们惊奇地发现房屋内在的构造在新房和祖宅之间其实并无太大差异:房屋大门一开就是堂屋,是整座房子最为重要的地方,平时一家人在堂屋择菜、吃饭、看电视,若有客人到访,堂屋变成了会客所在;堂屋往里走,便是厨房,厨房通常不大,因为择菜、洗菜等工作都能在院落或堂屋完成,通常厨房附近会有一道后门,通向自家菜园;堂屋的旁边是卧室,老宅通常只有两层,第二层是阁楼,冬冷夏热,很少住人,通常用于存放杂物,新房则不同,二层、三层都是卧室,既可住人亦可存放杂物(见图5-1)。

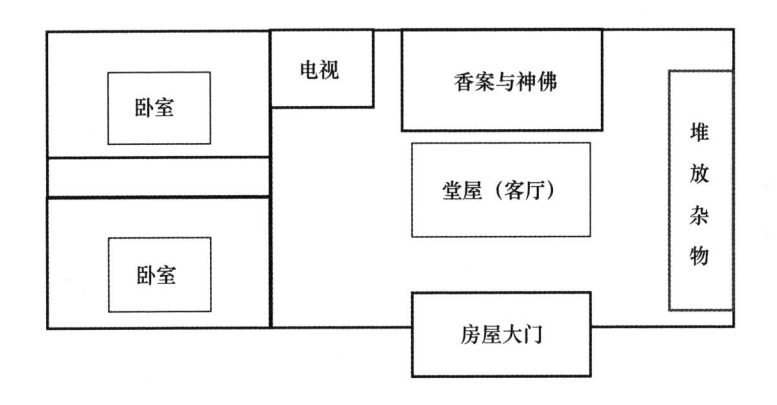

图5-1　乡村房屋一层的平面图

无论是新房还是老宅，无论是富足还是贫穷，房屋（尤其是堂屋）的陈设大体是一致的。堂屋中正对着门的最为醒目的地方，摆放着香案，供奉着送子观音或者是福禄寿三星，有的乡民还在地上摆着土地的神像，一并供奉，香案上还一并摆放着钟表和电视机，当然，这些陈设都不会遮挡住神明。四周的墙上总是会挂一些领导人画像或者是风景画，这倒也是长久的风俗，《红楼梦》里刘姥姥在逛大观园时曾发出这样的感慨："我们乡下人到了年下，都上城来买画儿贴。时常闲了，大家都说，怎么得也到画儿上去逛逛。想着那个画儿也不过是假的，那里真有这个地方呢。"乡民们对于美好生活的向往亘古不变，这也使得乡民在不断吸收外在的事物以便利自己的生活。除此之外，家用电器已经基本普及，出于娱乐的需要，电视机成为每家每户必备的家电，而冰箱和空调已经出现在大多数家庭，即使生活较为拮据的家庭也至少会拥有电风扇作为夏日消暑的工具。

随着乡民生活水平的提高，以及水网、电网的铺设，乡民的住房无论是从建筑材料、外观造型、内部设施都与数十年前大不相同，这些改变使得乡民的住房更为舒适，但是房屋的内在布局以及神灵信仰仍然非常稳固地存在，这种延续了数千年的传统某种程度上是乡民生活智慧以及对美好生活向往的体现，这种现象应该会一直延续下去。

除此之外，一个非常有意思的发现是，乡民们所建筑的新房非常宽敞以至于大多数房间在日常都处于闲置状态，只有逢年过节子女回家居住时才能发挥其用途，一些家庭只是三口之家，却仍然建了三层小楼。中国传统的家族观念在乡民处得到了充分体现，宽敞的楼房某种程度上也成为家庭兴旺的象征。

◇◇ 交通运输

乡村的交通分水路交通和陆路交通，今天的中国乡村陆路交通似乎比水路要更胜一筹，我们所调查的村落，依傍着富水河，在古代，这个村落依靠着富水河的发达的水运繁荣一时，但时至今日原有的河道已经废弃不用，陆路交通成为生活出行的主要途径。陆路交通的兴起与铁路的铺建、道路情况改善，以及陆路交通工具速度的提升密切相关，水路交通的式微除了以上因素以外与生态环境的恶化也有一定关系，这种情况在中国普遍存在。

乡民们的出行方式非常多样，如果是到附近的村落或者是邻近的县城，乡民们大多使用自己的电动车或者是摩托车，不过摩托车在中国的大多数城市是被禁止的。一些乡民已经拥有了小轿车，这使得居家出行更为方便，乡村道路条件的极大改善，正在促进小轿车在乡村的普及，但是从我们调查的情况来看，小轿车在中国大多数乡村仍然属于奢侈品，占有的比例约为20%。如果乡民需要到省城或者是更远的城市，火车成为他们最主要的选择，不过乡民们并非十分愿意出远门，出远门大抵也是为了探望子女或是治病，因此在我们的调查中，一年能出一次到两次远门就已经非常少见。

交通运输的发达在一定程度上扩大了乡民的活动范围，但乡民活动的范围仍然限制在本县甚至是本乡之内。不过，对于女人们而言，回娘家探亲不再像以前那样奢侈，娘家稍远一点的也不过方圆10千米之内，电动车不过十几分钟的车程，当日即可往返，这使得村里的媳妇闲时都会回娘家探望父母兄弟。

至于运送货物，若是大宗的电器家具，商家大多会送货上门，稍小的货物自己的电动车也能够带走，道路网络的发达使得乡村比以往便捷了许多。中国自秦代开始"车同轨"，可是这毕竟仅限于主干道，乡间则只是"阡陌交通"，与今日四通八达通向乡间的路网自然是不可同日而语。

◇ 教育

渼陂村在几十年前就有了自己村的小学，上课地点在如今古村里的万寿宫，这是一栋清中期的历史建筑。但是随着生活水平的提高和学习更多知识的渴求，万寿宫这样一个类似于传统私塾的学校不再能满足村民的需要。差不多15年前，镇上的陂头中心小学和陂头中学合并改为曾山学校，成立了一所设施较为完善的集小学和中学为一体的现代化学校。至此万寿宫在渼陂村村民的教育历史进程里画上了句号。

曾山学校距离渼陂村很近，大约两站地的距离，骑电动车不到10分钟就可以从村中到达学校，因此村中大多数的孩子都会选择中午回家吃饭，而不是在学校食堂就餐。依据学校内张贴的2018年6月份学校教职工餐费统计，平均一名教工一月的菜款为54.8元，米、油、作料为39.7元，一共餐费94.5元。这和我们调查家庭每人每月在饮食上的支出相比，餐费大约是差不多的。

学校有一栋小学教学楼，一栋初中教学楼，一栋办公楼，一栋多功能教室楼，还有教职工宿舍等。多功能教室包括计算机教室、化学实验室、生物实验室等，功能比较齐全。在教学楼一侧是足球场和操场，中间有健身器材，但是地面坑坑洼洼十分不平坦。每个教室只有吊扇，并没有配备空调，在夏天可能比较热。在一些教室，尤其是初中教室的外面还贴有高效课堂评价表，将一个班的学生分为四五人的小组，进行每周在课堂、作业、卫生、纪律表现上的评分，以此激励学生好好学习、遵守学校规章制度。

曾山学校在硬件设施上还是比较完善的，也营造了良好的学习竞争氛围。但是对于师资力量，一些学生家长颇有微词。吉安市教育局每年会统一分配待就业的教师到辖下各个学校任职，但是由于曾山学校位于吉安市郊区的青原区，整体生活水平较低，待遇不好，因此分配来的教师水平参差不齐。并且大多数年轻教师都不愿长久在此任职，几年之后就会想办法调离曾山学校去市里任教。这也就导致了学校的师资流动非常频繁，甚至一名小学生六年读书期间一门课因为教师的离职会更换四次老师。每个老师的教学手段、教学思路差别是十分明显的，内容的衔接也会出现或大或小的问题，老师的频繁更换会打断学生的学习连贯性，进而影响效率和成绩。这在某方面也影响了学校的升学率，使得一些适龄儿童会直接随父母到吉安市里上学，而不选择距离上更为方便的曾山学校。

大多数村民对于孩子的教育都持支持态度，并且如果孩子能考上大学的话，愿意全力培养孩子。但是在细微的方面，比如教育目的、教育方式等方面还是存在差异的。

通常父母对于孩子教育的期待常常是由于自己的遗憾，如果自己没考上好大学就会期望孩子考一个好本科，或多或少可以满足自己年轻时的愿望。

在一个自然村中的一户人家，我们听到了这样一个故事。出生在20世纪50年代的女主人儿时聪敏好学、十分上进，因为父母做了一辈子的农民，她从小也常帮助父母做农活，深知耕作的繁重。像大多数贫苦人家的孩子一样，她也希望能通过自己的努力，长大后过上更优渥的生活，而这种改变命运的渠道对于大多数人来说就是读书。但是在当时思想比较落后的农村，重男轻女是较为普遍的，初中甚至小学就是一个女孩子能接受到的最高教育。她四处请托关系，终于找到了古村中的一名老师，愿意将她介绍到邻村的一所更好的初中去读书，这样有更大可能考上重点高中。她从此有了盼头，每天加倍努力学习。然而事与愿违，介绍她的那名老师忽然得了急病，使她错失了入学时机，也正巧家中得知了她的自作主张，她只能被迫在本地完成初中学业。毕业后经人介绍，也匆匆地在村里嫁人了。女主人将自己年轻时未能接受高等教育而产生的期待之情寄托在学习优秀的大孙子身上，希望他能带着两代人的梦想在学业上前行。

从这里可以看到，在如今相对落后的农村地区，没有充裕的金钱支持，教育仍然是唯一的改变命运的渠道。另一家的男主人明确地说"学而优则仕"是他一直坚信的。这就不难解释村中几乎没有出现过为了挣钱而让正在读书的孩子辍学这种情况，这也就不难解释在更广大的地区因为"知识改变命运"而带来的一波一波的高考浪潮。

和刚才由祖父母看护督促孙子学习不同，我们走访的另一个家庭的孩子是跟随在市里打工的父母身边上学，放暑假了才回到村中。一进家中入眼就是墙上悬挂的一副字，经询问得知是小孩子写的。孩子在市里上学的同时因为喜欢书法，父母就给孩子报了一个书法课外班，一年大概1300元。小孩子说书法是他自己喜欢所以才学的，并不是因为老师或家长强迫，或是和升学有什么关系。

从上述两个案例可以大致看出，看护孩子的家长的年龄和思想在孩子教育中有着重要的影响。老人接触新事物比较少，也很少离开村子，同时受本身教育程度所限，很少能够在课业方面给予孩子什么帮助，大部分只能起到监督、表扬、批评的作用。再加上老人一般对孩子都比较心软，时常会溺爱，除了有想让孩子承接自己读书的梦想的情结外，更多的是顺其自然。然而对于更年轻的20世纪

80年代出生的家长来说，自身教育程度基本在高中及以上，离开学校的时间不长，知晓如今社会的竞争情况，对于帮助孩子学习可能有更大的作用。

家长的年龄、思想和见识对于孩子教育有重要的意义，但是我们也不能忽视金钱——也就是经济能力对教育的影响，并且在某些时候，这种影响和前几个因素的影响是矛盾的。

在调查中有一家家境殷实，父母对于孩子的期望就和其他人截然不同。虽然儿子的成绩还算不错，但母亲并不强求儿子读大学，这似乎和传统的望子成龙相悖。孩子母亲认为，她年轻时读书读得太累了，后来努力赚钱才让一家人过上优渥的生活，既然如今生活条件良好，何必再要求孩子去"受罪"呢？所以她想让儿子去读军校，认为男孩子阳刚一点才好。初听了这种观点可说是让我们大吃一惊，竟然还有父母"溺爱"孩子至此！其中似乎还有"读书无用论"的意味，似乎有些"不求上进"了。这显然和中国传统思想相悖。自科举大兴以来，"书中自有黄金屋"流传至今。"读书无用"似乎有些难以理解，但如果我们站在那位母亲的角度思考就十分自然了。非常实际地来说，大多数人把教育看作改变未来生活的工具，真正愿意"神圣地"奉献自己的人绝不是大多数，对于个体来说改变生活状态和方式是更重要的目标。那么如果一个人已经满足于当下的生活状况，即使他再努力，未来也未必会比今天要好，显然他就不会有什么动力去改变现状——去学习了。

从这次调研来看，尽管受调查家庭样本所限，从中仍然发现了很有意思的结论。在一个大的时间跨度下来讲，农村教育有着它的变与不变。从在村中类似于私塾、族学的地点学习，到意识到现代化的教育方式更符合更顺应时代的变迁，从而慕名前往镇上或城市的软硬件设施良好的学校。这在当时的时间点上看是一个很大的变化。

尽管千百年来中国传统思想中都包含着"学而优则仕"，知识改变命运这样根深蒂固的观念，但它同样在社会的愈加开放、财富积累、眼界开阔中日益变化，更加契合如今的生活和未来几十年的发展。其中首当其冲的就是对教育的态度。几十年前在贫穷落后的地区，重男轻女十分普遍，一个家庭中的所有物质资源和精神支持基本都会供应给男性，当然也包括受教育的权利。现在60岁左右的夫妇教育水平差距较大，男性一般都有10年以上的教育经历，女性一般只有小学学历。相比之前的权利剥夺，现在女性在受教育上的权利有了很大的提高。有趣的是，往往年龄相差不大的小学学生，女孩子往往比男孩子学习成绩要好，这也导致一些家庭反而会更看重女孩的教育成果。

在教育的后续发展中，看法也不尽相同，这与父母的年龄、阅历、经济实力等都有关系。如果更注重素质教育而非应试教育，那么接触一些兴趣、玩乐的方面会是好的选择。相反如果更看重考试成绩，那么上述的选择就要注意一个"度"了，起码要保证课内学习优秀。对于教育的期望来说，宽容乐观的父母也许并不会强求或殷殷期盼孩子取得多么了不起的成绩；而假如某种期望是由于父母自身的遗憾所产生，那么孩子在学习过程中会受到一些额外的督促。

农村教育模式、教育思想都发生了很大的变化，但教育的影响仍然只局限于走在时代浪潮前端的人，甚至他们对于教育的观念尽管有所变化，但仍然是有待改善的。这主要体现在年轻一代的父母对于幼童的教育上。由于工作繁忙，幼童经常交由祖父母照顾，而小孩在旧环境的熏陶下长大，接受的是祖父母较为落后的教育培养，而非在年轻的父母身边自幼潜移默化。这种教育的改变在代际的传递是断裂的，教育的更新无法在已有基础上推进。

◇ 医疗

当地的医疗报销制度可以概括为门诊基本是自费，住院的报销比例从镇医院到市医院依次递减，市医院报销比例为60%。村中有简易的社区小医院，可以进行血压测量等基本身体检查。

对于村民来说，一般不严重的小病不会去医院，但是一旦生了大病需要住院，即使有部分可以报销，家庭自费开支依然十分高昂，高者甚至能达到家庭一年支出的50%以上。这种情况对于收入本就微薄的家庭来说无异雪上加霜。

在一低保户家中，大孙子在八年前因尿毒症治疗无效夭折，前后治病大约花了20万元，大儿媳妇因丧子之痛而精神不正常，家中迅速衰败。不久大儿子和大儿媳妇离婚，大儿子至今仍然单身。爷爷也在几年前胃穿孔住院治疗，再次花费1万多元。现在奶奶也因为早年干活过度，腰椎有严重问题，再加上心脏病，经常需要去医院治疗。即使是一个原本小康的家庭，经过这样多年来金钱和精神上双重的压力也可能摇摇欲坠，更别提本身条件就不太好的这一家了。如今家徒四壁，屋中几乎没有置办什么家具，最昂贵的电器可能就是电冰箱了。家中为了节省一切开支，能省则省，甚至连热水都不喝只为了少交电费。可以说，只要一个家庭摊上了一次大病，或是需要长期治疗的慢性病，就会像附骨之疽般影响家庭的经济能力和个人的精神状态。

◇◇ 文娱活动

农村中由于地理位置和经济因素的限制，娱乐活动比较贫乏。年轻一些的夫妻如果小有积蓄，一年中可能会去市里看电影或是吃几次饭等，但总体而言这样的人还是很少的。大部分成年男性在农闲时依赖烟酒茶牌来打发时间。

烟瘾，在村中十分普遍，下至贫户上至富户都少不了烟，区别在于前者抽的是2元钱左右一包的烟，后者是十几元一包。烟在男性生活中扮演的角色比较重要，象征着面子问题。抽烟有时并不是因为嗜好，而是受周围人影响，将其看作成熟、体面、有地位的象征。因此对于贫穷的家庭，闲来无事时有人也会在手中拿一根烟，但是并不点燃。村中喝酒的人较少，即使喝也一般会选择啤酒。茶的普及度没有香烟高，相比较来讲层次稍微高一些，又由于茶无法像香烟一样展示在外人面前，因此总体来说消费量并不高。通常家中购买茶叶的都是数十年之久的爱茶之人。烟、酒、茶，这三种在过年节礼中也经常出现。往往是外出打工的儿女送给父母的礼物，一般价值相对于父母日常消费的会更加高昂，常见的烟有中南海，酒有茅台，茶有龙井等。这些礼物并不会作为父母的日常消费，一般会摆在家中堂屋中最显眼的供桌上，让进门的客人一眼就能发现。这就像未点燃的香烟一样，是一个面子问题，用来隐晦地展现家庭和睦、略有余财。

打牌和麻将并不十分普遍，通常只作为社交工具，少有人会涉及赌钱。并且这种需要长时间的娱乐活动通常会发生在天气不好、无法务农的时候，主要集中在成年男性身上。

除了上述烟酒茶牌这些涉及日常消费的文娱活动，看电视是当今最重要的娱乐生活。但是在没有电视之前，村民是如何打发闲暇的呢？一位农户告诉我们，他小时候主要是去空场上看露天电影和样板戏。镇上会定期播放露天电影，一到时间各家的小孩子就会拿着板凳跑过去看电影。尽管电影品种单一，情节可能早有耳闻，但依然受到大家的欢迎。另外，晚上捉青蛙同样是非常常见的活动。在田埂间抓青蛙，以三毛一斤卖给摊贩，特别幸运的时候一晚上能抓10多斤，这也是很好的补贴家用的方法。

1958年中国第一台黑白电视机诞生。大城市中的家庭大概在20世纪70年代末80年代初就会拥有第一台黑白电视机，在80年代末会更新为第一台彩色电视机，小城市的家电拥有则要再迟些年。在农村中，由于信息交通不发达且较为贫穷，电视机出现的时间较城市要晚十几年。

在1993年，溪陂全村几乎都买了370元的14寸黑白电视机。

距现在已经25年了，但是每家每户提到这个黑白电视机都十分激动，并且都清晰地记得购买的时间和价格，除了因为电视机是当时很大的一笔开支以外，它还为所有人打开了一扇了解信息的窗户，对家庭有十分重要的变革意义。黑白电视机更换为彩色电视机的时间、原因各不相同，大约集中在20世纪末，比如一个家庭是在1999年大儿子结婚的时候购买了价值1500元的25寸彩色电视机。

依据乡村生活时间表，看电视一般集中在晚上七八点，此时电视节目以新闻和各种电视剧为主。在调查中发现电视新闻是农民了解国家宏观政策的主要渠道，农民往往对新出台的和己身相关的政策说得头头是道，并且十分满意这些顶层设计。但是具体到基层，实施到他们身边时，有时由于种种原因落实不到位，就会导致他们对政策的一些困惑。除了新闻对前瞻政策方面的帮助，电视节目也是家庭伦理生活和人格塑造的重要工具。男性村民更喜欢看抗战、军事、武打等方面的动作题材的电视剧，儿童关注动画片。令人奇怪的是，女性没有表现出对某些电视节目的偏好，这和预想的女性关注家庭伦理片的现象相左。但是考虑到村中还存在有重男轻女的问题，男性在家庭生活多个方面处于主导地位，可以预见在电视台的选择上可能也以男性为主导，那么这一问题也就能被理解了。

◇◇ 宗族活动

现代农村的宗族势力，在农村居民的日常生活中仍然占有着比较强的支配地位；虽然在一些细节上出现了对于现代生活和社会结构的一定妥协，但是众多的活动、同姓家族内的抱团取暖，还是体现出了宗族活动在农村生活中的重要作用。

每个村子都会有自己的宗祠；这里首先需要指出村子的各种划分。自然形成的村落基本依据姓氏划分，同姓的家族聚集在一起生活，和外姓人在居住空间上相对隔绝，形成了一个个自然村，每个自然村建设自己的宗祠祭拜祖先。宗祠的大小是宗族势力的主要表现，因此各个宗族都不遗余力地将其建设得气派宏伟，并常常全村集资进行维修护理。每个宗族在自己的自然村里推选出德高望重者作为村长，协调管理村落里的各种事物和纠纷。而在中华人民共和国成立之后，在乡镇一级下面设立了更大规模的行政村，实行村民自治。这样的行政村往往按照地域划分，将毗邻的多个自然村划分在一起，人口往往能达到上千人。但是实际上，各自然村之间的交流仍然较少。

其中有意思的一个现象是，有少部分外来定居的"外乡人"，也逐渐在这个村子里扎根，形成了一个小宗族；虽然这个宗族名义上和其他宗族一起形成自然村，但是在村民的理解中，他们仍然存在抱团取暖的倾向，自立为一村，选举出自己的村长，更确切地说是"族长"。例如在清陂村，一个魏姓宗族仅有不到10户人家，40余位居民，但是仍然选出了自己的村长，在一隅建起了单独的宗祠（甚至在隔壁村有另外一个魏姓宗族也不会合用宗祠），虽然规模小的多，但仍是"麻雀虽小，五脏俱全"。

宗祠里举办的活动，主要以较为正式的仪式为主。婚宴是其中比较隆重的一种，最传统的婚宴仪式需要持续整整三天，持续在宗祠里举行各种仪式，但这也因为不同姓氏而有一定差异；而且在现代，大多数年轻人常年在外打工，只有在过年回家的时候赶着亲戚都在举办婚礼，因此讲究程度也降低了不少，基本上一天都可以解决。

除了婚礼外，不同宗族还有一些独特的节日或活动。在魏姓宗族，每年大年三十的晚上，每家所有的成年男性将聚集在宗祠里，在族长的带领之下，举行新年茶话会；没有明确的主题，就只是借着这样一个机会让大家互通有无，以此增强宗族的感情和凝聚力。梁姓宗族会在每年的正月初二举办添丁节，在过去一年每个添了男孩的家庭，将由母亲抱着孩子进入宗祠进行祭拜（而生女孩的母亲则无法享受这样的待遇）。女性一生只有两次机会能进宗祠：一次是结婚，一次则是安葬。这期间，母亲每生一个儿子，便多一次进入宗祠的机会。此外，女性在宗祠里即便安葬也无法进入中心区域；而每多生一个儿子，母亲未来牌位所在的位置就将向前进一块砖的距离，离供奉着的祖先庇佑更近。

而在宗祠外，宗族势力的影响也在持续着。首先是，每个家族都有自己的族谱，规定了每一代名字的中间一个字是什么。例如：

袁姓：显 嘉 兴 必 仁 昌 义 诚

梁姓：嘉 胤 光 其 宗 祖 德 培 元 启

但是，族谱的名字用起来，在日常生活中又常常有不方便之处；而且父母也更加追求个性化，希望在儿女的名字当中更多体现自己的期望和特色。因此，一个非常有意思的现象出现了：一个人可能有两个名字同时使用，一个是按照族谱的规矩取的，记录在族谱当中，在各种宗族活动中使用；另一个则是在国家民政系统中注册的名字，在宗族之外使用。随着年龄的增长，个人的社会活动越来越重要，基本都以后者为真名使用，而前者的重要性则日渐下降，仅有至亲能够勉强记得。拥有两个名字的村民年龄不一，最早的一位出生于1969年。

而在宗族的规矩下，重男轻女思想仍然根深蒂固。老年人基本都和自己的小儿子住在一起，"嫁出去的女儿泼出去的水"还是一种普遍现象。在这种情况下，生女儿虽不是一件让人不快的事情，但终究还只是锦上添花，还得建立在有儿子的基础上。没有儿子的家庭，不仅晚年缺乏赡养孤独度日，还得忍受周围村里人几十年有意或无意的嘲笑和侮辱。

> 罗湖村一位60岁的大爷，他一直在珠三角做厨师打工，收入相对我们接触到的当地其他农民工要高出不少，对于现代事物的接触和接受能力也较高。但是，大爷只有两个女儿，其老伴几年前去世之后，他的生活就开始变得极为艰难；由于自己患上慢性病，既没有办法在外打工也无法干农活，只能赋闲在家任由土地荒废，不断消耗着之前打工本就不多的积蓄；而且没有儿子在身边，孤苦伶仃每天只能靠看电视消磨时间。问到儿女情况和周围人关系的时候，爷爷把头背过去，有些哽咽地说："这些年受了多少耻辱，只有自己知道。"似乎还有多少苦水要诉，但最后也只是欲言又止，化作了一声叹息和眼角的泪

水。这一幕，无法不让人动容；计划生育的政策，和重男轻女的农村养老现实，这样的爷爷，可能还有很多……

走访了多个不同规模的宗族自然村后，我们发现宗族规矩的严格程度也有着非常大的差异；总的来看，规模更大的宗族里，人们受到的各种规矩约束也越多。渼陂村人口最多的梁姓，不同级别的宗祠一共六个，婚丧嫁娶等重大活动基本仍然严格按照宗祠中规矩举行；而例如魏姓这样的小宗族，仅仅维持着表面的仪式，即使是婚礼，有能力的家庭去城市里的酒店举办也成了一个常见的选项。

而规模相差各异的大小宗族，并入同一个行政村决策，也不可避免地导致了宗族之间的矛盾。

> 梁姓作为第一大族，在一人一票的选举当中占据了行政村的所有席位；这直接导致，在征地拆迁、公路建设、旅游开发和优惠政策倾斜等方面，梁姓本家的居民得到了更多的好处；在我们的观察当中，虽然各村内部的贫富差距较大，但是梁姓的整体生活水平的确较好；这可能也和大宗族所发挥到的互助作用有关。而其他宗族的人对此颇有怨言：一位大爷向我们抱怨道，家里三人得了重病却直到2017年才上了低保；另一位则直言，"什么好处都被梁姓的占了"，在征地、旅游等方面的收入直接被梁家瓜分。而与此相印证的是，在2017年，渼陂村的两位梁姓村干部，因为巨额贪污被免职并

追究法律责任。由此，大宗族"欺负"小宗族的情况，可能的确普遍存在着。

总的来看，宗族规矩的力量仍然在延续，但是对于日新月异的现实，似乎也不得不做出让步和妥协，达成形式上的延续和实质上的适应。最记忆犹新的，还是一位没怎么读过书的老伯伯所说："规矩，不还都是人定的！"

◇◇ 进城的选择

根据数据，我国的城镇化率，已经从江村经济年代的10%左右，飙升到了现在大约55%的水平，其中大部分人口都是在改革开放之后这些年离开了乡村；农村的空心化，也因此越来越严重，老年人在农村带孩子，青壮年出外打工，几乎成了农村每个家庭的标配，真正还在从事农业生产的壮年劳动力，已经是少数。对于农民来说，所多出的一个选择，就是进城工作还是留乡务农。我们询问了村民的态度，出乎我们意料，也和现实情况不符的是，几乎所有人都表示：绝不愿意长期进城市工作或生活。总结了一下他们的理由，基本有以下四个方面。

一是农村优美的环境使人留恋。乡亲们吐槽最多的，就是城市里四处呛人的尾气和灰蒙蒙的天空。用乡亲们的话说："干吗花钱去城里受那个罪呢！"的确，我们也看到了村里不少老年人即便年轻的时候在外打工，哪怕孩子已经在城里定居，退休之后还是回到了农村养老。对于没有太多事业和经济追求，希望安享晚年的老年人来说，农村的田园诗般的生活，拥有极大的吸引力。

二是对市场食品的不放心。农村基本人人都有自己的菜地，如果不是身体原因无法务农，都很少在外买蔬菜。当问到菜园品种有限，是否会买些别的蔬菜的时候，乡亲们也都表示，"还是自己种的吃起来放心"。尤其是近年食品安全事故频发，从地沟油到毒奶粉，身处社会基层对于城市生活的想象更加增添了恐惧和不安全感。

三是安土重迁的乡土情怀。这是中国农村千年以来未变的思想传统：只有在老祖宗代代生活的土地上，似乎才能受到庇佑，即使是远在异国他乡，也一定要落叶归根。此外，传统的思想仍然根深蒂固，用村民自己的话说，"我们农村人啊，住的地方一定要向上能看到天，向下能踩到大地，这才感觉到安心"。这种天人合一的思想传统根植于儒家思想数千年的熏陶感染，并使得村民对于城市里拥挤不堪的楼房生活感到厌倦和抵触。也不难看到，即使是随儿女搬入城里的村民，仍然习惯每天出门在外溜达，甚至存在老年人常年在楼房里居住而抑郁的案例。

四是城市僵硬冷漠的邻里关系。"远亲不如近邻"这句谚语，描述农村的人际关系显得非常合适。虽然现在电视、手机等现代娱乐方式使得邻里之间在劳作之余的娱乐交往变少了，但是农业生产的特性使得邻里之间的互相帮助显得仍非常重要。在我们入户的过程中，也经常有邻居过来借个东西的情况存在；互相之间，几乎没有什么秘密可言，关系良好的邻里，真如家人一般亲近。而住进城市之后，那种关上门之后谁也不认识谁的情况使乡亲们感到尴尬；习惯了熟人社交，城市里相对冷漠的邻里关系，让村民们对城市生活非常排斥。

因为这四个方面的原因，村民们对于农村生活更加依恋而本能地对"进城"的想法感到排斥。

但是，为什么在这样的排斥之下，又有这么多村民入城呢？

我们又发现，虽然思想传统和习惯成为了进城的阻碍，但是在经济因素和教育因素两方面的巨大诱惑下，众多人还是心甘情愿搬入了曾经无比嫌弃的城市。

进城的最主要动力，就是打工赚钱。农村人的生活虽然已经丰富了不少，但是自给自足的模式实质上并没有根本性改变；原本农村地就很少，种出的粮食，除了自己食用外，剩余的实际并不多，甚至部分家庭还需要在外买粮食度日。因此，仅仅靠务农获得积蓄，基本是不可能的。而相比之下，打工的收入则要高得多；如果在相邻的吉安市区打工，基本一个月的工资可以有2000元；如果去更远的珠三角地区打工，一个月工资可以达到3000元甚至更高。我们看到的村里拥有汽车的几家，都是靠在外打工积累了较富足的家庭资金。城乡收入的巨大差异，吸引着往高处走的人们进城谋生。

进城的另一个目的，就是让后代接受更好的教育。不可否认的是，城乡之间教育水平的差异已经越来越大；即使有大量的资金投入乡村基础教育，也主要体现在硬件提升上，对于师资力量、教学管理水准的提升非常有限。附近的曾山学校，每年能够考取进入好的高中就读的学生，仍然是凤毛麟角；县区里的高中本科率，和城里的重点相比更是不可同日而语。而教育仍然是基层居民一个非常重要的上升渠道，因此有条件的家长，也很可能会为了子女教育而进城，其中一部分是跟随打工的家长，另一部分则是由爷爷辈租房陪读——无论哪一种，都要求比较好的家庭条件。

总的来看，农民的进城意愿虽不强烈，但是现实因素的考量还是驱使着人们进行着从农村进城的行为。这也是农村生活变化的一个缩影：现实因素和情感因素交织，形成了转型时代农民独特的生活方式。

◇◇ 小结

总体来看，在百年间，虽然渼陂村的农户仍保留着自给自足的生活特征，但他们的生活在生计模式、居住方式、教育模式和医疗条件等多个方面均出现了翻天覆地的变化。从中我们既看到了传统的延续和价值传承，又看到了现代文明和城市扩张对乡村生活的冲击和重塑，并可预见这种重塑在未来仍将继续下去。农村发展的契机将不断涌现，最终带来崭新未来。

第 六 章

农村产业结构[*]

◇◇ 农业生产概述

渼陂村的农业生产作物以水稻为主，经济作物包括花生、芝麻、油菜等，但规模较小，种植结构较为单一。本村多山地丘陵，农田包括平地和梯田两部分。笔者将从本村的粮食产量和村民的耕作节奏两方面概述农业生产情况（见图6-1）。

图6-1　较为典型的渼陂村农田

---

[*] 本章作者为戴文奇、姚金汝、杨竣浩。

第六章 农村产业结构

由于难以获得数据，本书将根据青原区的粮食生产情况推断渼陂村的粮食产量及耕作面积。青原区分为7个镇，其中渼陂所在的文陂镇包括10个村，假设各个村镇的体量大体相同，据此推断，渼陂村2016年粮食产量和耕地面积分别为1890吨和4528.6亩，与2015年相比，粮食产量同比上升1.5%，耕地面积下降1.7%。如图6-2所示，2012—2016年，渼陂村的粮食产量总体持平，耕作面积均呈显著下降趋势，推测是由于政府征地和机械化推广、政府对水利的完善以及河道治理的同时作用所致。

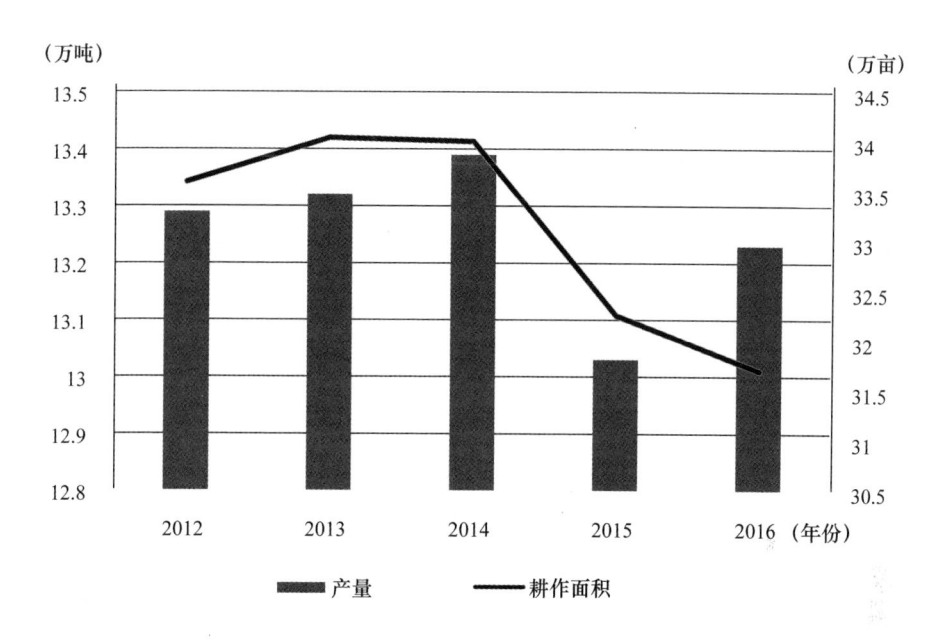

图6-2 青原区历年粮食产量及耕作面积

资料来源：《青原区年鉴》。

在水稻种植方面，由图6-3可见，青原区的水稻种植面积有所下降，水稻单产在2013年的一次较大提升后保持稳定。平均而言，

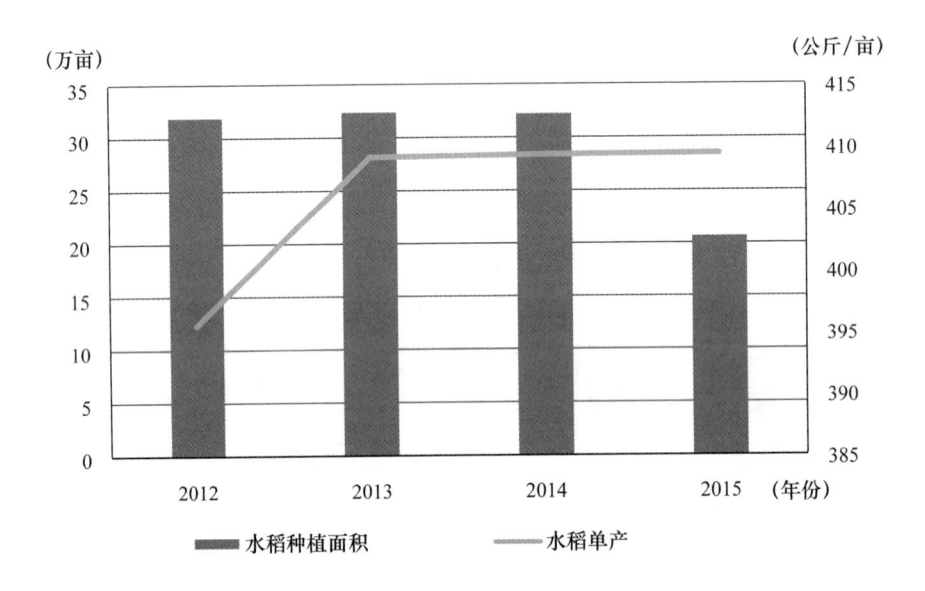

2012—2015年，青原区平均水稻单产稳定在790—820斤/亩。对比而言，根据渼陂村农民叙述，其水稻亩产大约在600—700斤/亩。渼陂村的机械化和农业技术水平较低，再加上近年来大量征地、农民外出打工，农业生产无法实现精细化操作，这也是目前农村农业面临的普遍问题。

图6-3 青原区水稻种植面积及水稻亩产

资料来源：《青原区年鉴》。

从商品化程度来看，由于每家的土地零散，一人只有几分地，收割的稻子一般仅供自家食用。少数将其他人家的闲置土地拿来种植的人家能够多收一些卖给村里人。极个别会将多出的稻子通过收购的方式卖向外地，只需要电话联系就可以让收购车开到家门口，然而部分村民觉得麻烦或者认为需要自己出运费而不愿意这样做。

村民会在稻田边的碎地或者自家门口的地里种小面积的蔬菜、芝麻等作物，也均用于自家食用。小面积种植这类经济作物，一方面是因为地少，另一方面是以芝麻为代表的作物对旱涝敏感，以渼陂现有的农业技术无法大规模成功种植。

就农民的种植节奏来看，本地的农民多种植双季稻，全年农忙时节大约在1—2个月。4月上中旬进行早稻种子的播种，半个月后秧苗长成后进行插秧。在4—5月的播种季节，农民的耕作技术没有太多改进，平地地区可使用播种机，梯田地区仍需采用人工或畜力进行松土和播种。在插秧方面，本地普遍采用"抛秧"的方式，即将秧苗直接抛在田中，比起传统的插秧更加省力且生产效率较高。7月下旬，早稻成熟，农业生产进入"双抢"季节，农民需要在半个月内完成对早稻的收割，同时马上进行晚稻抛秧，这两项活动需要在立秋前完成，因为水稻成熟过了时节不收，谷子会落下无法收获。同样，田地里的秧苗到了时节不栽，长成了禾苗再栽就为时已晚。第二季水稻在10月份成熟，10月下旬至11月即为晚稻的收割时节。农民多采用雇用收割机作为收割方式，江苏、安徽等地的收割机一路向西，在农忙季节会经过此地，农民可直接在马路上拦截雇其帮助收割。对于梯田地区而言，尽管政府近年来修建了较多供收割机上山的小路，但较陡山地仍收割机无法进入，农民需要依靠人工进行收割。农忙时候，农民多在4—5点就起床劳作，中午10点回来避暑，下午3点又进行耕作，直至5—6点。这一生活作息主要体现在双抢时期，过了一年中最繁忙的时节，农民的劳作时间会相应减少（见图6-4、图6-5）。

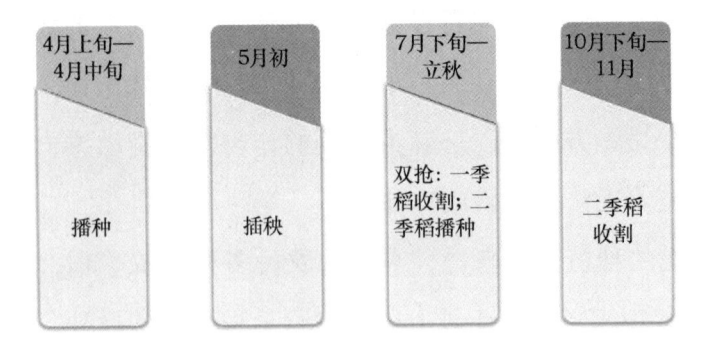

图 6-4　渼陂村农业季节表

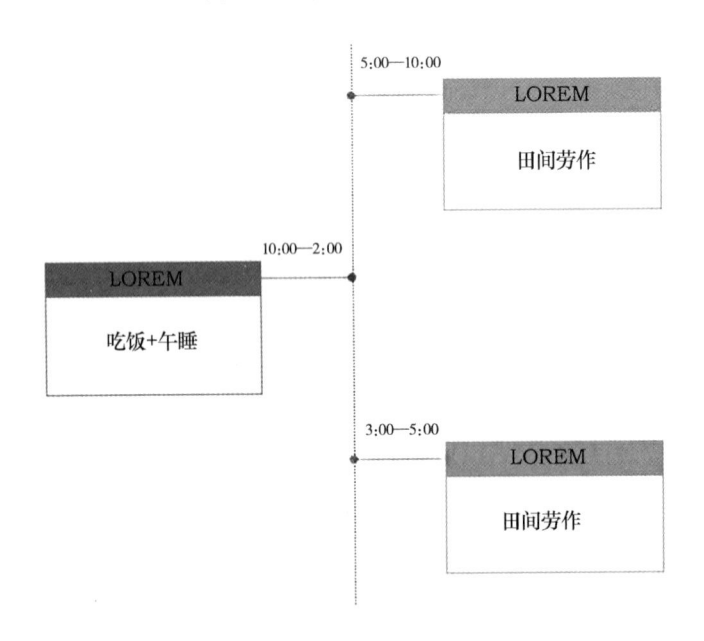

图 6-5　渼陂村农民农忙时节作息表

综上所述，渼陂村的耕作面积大致呈逐年减少的趋势，其水稻单产要低于青原区平均水平，推测为该地的农业生产技术较为落后和大量农民外出务工所致。一年中的"双抢"季节是农业最繁忙的季节，农民的生活作息也随着农业耕种而进行变化（见图 6-6）。

第六章　农村产业结构 125

图 6-6　田边的蔬菜地

◇◇ 土地问题

土地资源是人类生产、生活和生存的物质基础，也是一个国家国民经济可持续发展的根本保证。农业发展离不开土地，以渼陂村为例，大多数农户的生计均是围绕土地而展开。

一　土地抛荒

渼陂村土地面积较大，其中耕地面积大约 4528 亩，受到多种因素的影响，人均土地耕地面积有限。同时，土地抛荒是渼陂村土地利用的另一个重要问题。土地抛荒问题的存在，是经济发展过程中各种因素所导致产生的综合结果，下面笔者将重点分析土地抛荒的原因。

在和村民的交流中了解到，渼陂村的土地抛荒主体主要有两个，一种是个人抛荒，另一种是企业抛荒。抛荒原因有自然地理条件、人口流动、国家补贴三个方面。

从自然条件来看，渼陂村所在文陂乡地形以山地和丘陵为主，地势起伏多变，东、南、西三面环山，适宜耕种的耕地面积并不多，而土地不适合耕种是个人抛荒的一个重要原因。村民对土地好坏的界定标准（按重要程度排序）主要就是：水源、交通、地形。水源是最重要的考量因素，好的土地需要距离水源地较近，能够方便地取水灌溉。该村从中华人民共和国成立后到现在的灌溉方式基本不变，都是通过水库（水库有属于村委会的，也有属于生产队或者村小组的，前者是由全村修建而后者是50年代小组成员集体修建）的水灌溉，灌溉的具体实现方式是修建涵道，从水库通过涵道引水出来，不用水的时候用砖头或者是石块将涵道口堵住然后封上泥巴就可以关闭涵道口（在本章灌溉一节有详细介绍）。距离灌溉水源过远的土地就会没有人耕种，导致土地抛荒。因为在这种情况下只能通过人力挑水灌溉，而这种方式极其不便，据老乡说："挑水浇两分地就用了整整一上午。"有的耕地尽管距离水源地远，但也修有水渠，这种地也是可以耕种的，但是水渠会经过离着水库近的土地，此时土地距离水库近的人灌溉时就会影响土地距离水库远的人用水。交通就是指从住所到田地的距离，早些年没有电瓶车、平板车、拖拉机等交通工具，近千斤的化肥运到地里，收割后的谷物运回家都需要人工用担子挑，距离较远工作量会比较大。地形的影响在过去不是很大，在现在崎岖或者较高的地形不方便机械化收割，但是由于人工收割也比较快，并且每个人种的水稻最多也不过几亩，所以村民对此不做太多的考量。

人口的流动和农民的思想变化发展也是导致土地抛荒问题的一个重要原因。随着大城市的迅速发展和商品经济的日益繁荣，溪陂村人民的思想观念也发生了巨大的变化。一方面人们普遍认为种地利润低下，所以村民尤其是青壮年劳动力选择前往经济相对发达的地区务工；另一方面，国家越来越重视教育的发展，学校教育发展迅速，大多数父母都希望孩子能考上大学，走出农村，去往大城市发展，而孩子毕业后也都希望继续留在城市。种种原因导致了人口外迁规模比较大。

以富溪农庄为例，富溪农庄是一个在溪陂村承包了520亩土地进行荷花种植经营的企业。根据企业负责人所说，农庄以每亩480元的承包费从村小组承包，而据当地村民介绍，为了鼓励地方产业的发展，富溪农庄在承包流入土地的时候还得到了地方政府每亩1000元的补贴。于是仅考虑这一点，农庄每亩地有520元的收益。根据负责人所说，农庄签下的520亩地均进行了种植。但在随后的实地考察中我们发现边缘的荷田有大量的抛荒，荷花间杂在杂草中间，同行的村民表示2017年还没有出现这样的现象。我们推测，可能是企业出现了一些经营问题，而由于有政府的补贴做保障，便放弃了边缘荷田的种植导致了抛荒（见图6-7）。

图6-7 夹杂着荷花的大片荒地

以上是个人抛荒的主要原因，从企业角度来说，国家补贴是造成土地利用率低的重要因素。国家和地方对承包土地的企业有一定的补贴政策，企业承包土地之后即使抛荒弃耕，补贴政策的收入也可以弥补承包土地的费用，这就让企业有较大的动机承包土地，尚未利用起来的土地就进入了暂时抛荒的状态。

二 土地流转

土地流转指的是土地使用权的流转，就是拥有土地承包经营权的农户将土地使用权转让给其他农户或者经济组织，并且保留土地的承包权，而转让土地的使用权。农村土地的流转直接受到政策的影响，在不同的历史发展阶段，我国对农村土地流转持有不同的政策。改革开放前，土地归集体所有，由国家直接支配、征用，不能流转。随着家庭联产承包责任制的诞生，国家逐渐开始关注土地权利的流转，从1993年开始允许土地使用权在保障土地耕种功能的前提下依法有偿转让。[①]

渼陂村的土地流转主要由以普通农户、农业经营大户和企业（农业合作社）为主的经营主体通过转包、出租、互换以及新出现的入股的方式进行。流转期限总体较短，但转向企业、农业经营大户等主体的流转期限通常较长。

经营主体里面又以普通农户为主，根据访问，大部分正在经营土地的农户都有部分田地是"直接捡的别人的田"。免费拿其他户的地种的这种私人化、不通过书面契约的流转方式能够流行有两方面原因。第一，这种流转通常情况下只在村小组内部进行，小组内部都是同姓的家族，相互之间都熟悉认识，通过这种家族血缘以及私人的交往关系来形成一种特殊的信任机制，从而能够达成"口头协议"。第二，耕种的土地国家会有粮食补贴，并且土地抛荒之后难以重新垦为耕地。因此外出务工的人或者是身体状况差而不能耕种的人就会免费把自己的地送给同组内需要的人种植。自家的地有好有坏，那些需要种地的人就可以拿来别人家的好地来种植，这对双方是一种"帕累托"改进。私人间的土地流转很好地解决了前文所述的人口下降和外出务工带来的土地抛荒问题。从村民处了解

---

① 王恒：《城镇化进程中农村土地流转的政策分析》，《宏观经济研究》2015年第3期。

到，现在"没有人种"的地大部分都是由于之前提到的自然环境与用水困难导致的。

除了普通农户之外，乡镇企业（农业合作社）、农业经营大户也在农村土地流转中发挥着重要作用。在访问中我们了解到：新圩村一农户以每年每亩500元的承包费从40户农户手里流入70亩土地，大规模种植水稻；唐密村一个农业经营大户社积极推动小农户之间土地互换，以每年每亩80元的转包费流转土地170亩，建设了46个日光蔬菜温室，有效地推动了当地农业的规模经营。此外还有上一节案例中提到的富溪农庄，它以每年每亩480元的承包费从6个村小组中转入520亩土地来发展绿色生态旅游和莲子种植产业，是企业流转的代表。当村小组内部开会协调好之后，富溪农庄和村民以村小组为单位签订合同。富溪农庄还和村委会签订了合同，以1080元一年的价格承包农庄附近的一个水库。（该例子在本章用水矛盾的部分会从另一个角度进行介绍。）富溪农庄在实现了农村土地规模经营的同时也很好地带动了当地村民的就业，促进了溪陂村的经济发展。农庄在莲子种植、收获等时段会以每天80—90元的工资雇用大量村民做工，并且在莲子基地的日常维护、生态旅游的餐饮住宿等方面还设立常驻岗位。此外，据企业负责人说，农庄利用了村里71个贫困户每人5万元额度的贷款向银行进行融资，并将部分利润分给这些贫困户作为回报。

除了以上这些土地流转方式外，在调研中还发现了反向承包的现象。村民称，当地有一个瓜农以每年每亩240元的费用向富溪农庄承包了30亩土地用来种植新品种西瓜。这种灵活的土地流转能够帮助实现农业生产结构的多元化，充分利用土地价值。

三 土地调整

土地调整是指在不改变土地所有权的前提下对用地单位的权属界限进行调整，即土地经营权的改变。下面笔者将从渼陂村土地调整制度的变迁和土地调整原则两个方面进行介绍。

从土地分配主体来看，渼陂村的土地调整和国家的土地调整基本同步，在土地改革后经历了互助组—公社—家庭联产承包责任制的转变。其合作化程度也在不断深入。其中，互助组就是成立一种耕作上的帮扶关系，并不涉及土地所有权和经营权的变更，各家在收割或者浇水的时候可以互助，尤其是浇水的时候，比如一家人的田地和水库中间隔着别人家的土地，如果要修水渠占用部分别人的地在之前会产生矛盾，但是互助之后就较为方便协调。公社化运动时候产生的生产小队就是现在村小组的前身，生产小队的成立是按照农户的居住地划分的，居住在一起的几户划为一个生产队，此时生产队的土地来源是：打散农户原有的土地，生产队占有居住聚集地附近的土地并交由本生产队成员集体耕种。此时各个生产小队的土地状况就会不均衡，整个大公社会根据平均原则对其内部所有生产小队的土地进行一个调整，使各生产小队的土地相对平衡，该原则在下文中会进行介绍。

改革开放后原有层级上的公社、大队、生产小队分别被镇、村委会、小组所取代，在遵守国家大政策的前提下，以村小组为主导进行土地调整政策的制定。对于小组存在的意义，村民介绍，在80年代之前，就是生产小队的作用，即进行修水渠、挖沟等农业合作，对于农业生产意义重大。但是现在的小组基本就是为了便于管理，便于村委会管理各家户，是村里政策下达到农户的媒介，具有收缴建房费、主导土地调整、鱼塘承包、征地补贴等方面的作用。村中的决策通常经由村委会—小组组长—组员大会的层级进行讨论和实施。

从土地分配原则来看，最早分土地的原则是按照土地质量和各家人口决定土地的位置和面积。从位置上来看，根据上文中评判土地的标准将好地和差地平均分配，每家抽签分配一定数量的好地和坏地，各家土地的分布较零散。土地的面积是根据口粮分的，口粮不分男女，出生时的口粮是180斤一年，2虚岁200斤一年，每长1岁增加20斤，到17岁以后按照劳动力粮食（男的600斤每年，女的570斤每年），然后根据口粮的数量除以当时的亩产来分配土地面积。

现在的土地调整政策因小组而异，有的村小组是坚持国家"三十年不变"的政策，最初分配土地之后就不再调整；有的村小组是五年一调整，调整方式在不同的小组有所差异，一般来说，进行土地调整的各组根据人口数量增减土地，即出现儿子娶亲、生孩子等人口增加的情况则土地数量增多，出现女儿出嫁、人口死亡等人口增加的情况则土地数量减少。但是具体形式有所不同。

有的组在不改变土地位置的基础上进行土地数量调整，这分为两种情况：只调整名义土地数量而不变更实际土地数量，名义土地数量用于发放补贴和征收费用（比如小组出资的水库修缮）。具体来说，若某户的人口减少，小组只减少其土地的登记数量，即发放土地补贴或者征收费用时的对应土地数量减少，但是农户实际上仍然耕种不变的土地。由于调查中实行该方案的小组目前种田人数较少，实际上一直是一部分人在种植固定的一部分地，这种方式未引起冲突并且还便于管理；另一种情况是同时调整名义和实际土地数量。而有的组是同时调整土地位置和土地数量。在变动土地位置的时候，村小组先把组里每户的土地都收上来，然后分成数个标，由组内的成员抓阄来重新分配土地，导致土地经营位置和数量的不确定。还有一种极端的情况就是小组土地严格按照国家政策超过30年未调整过。部分小组是因为村民对调整方案争吵不休组长无法拍板。这与组长的个人能力相关，出现这种情况的小组通常在其他事务如水库治理上也存在搁置问题的现象。另一种可能是有组员在耕地上挖鱼塘、种树造成土地难以重新划分（小组对鱼塘的具体政策见本章鱼塘一节）。

综上所述，渼陂村的土地抛荒、流转和调整具有鲜明特点。土地抛荒的原因主要为田地质量、人口流动等，其中企业抛荒与国家补贴相关联，体现出政府与企业、企业与农民的信息不对称性。土地流转主要在个人之间进行，体现为依靠乡规民俗制约的口头协议。土地调整则依托小组这一治理单位，不同小组具有不同的土地调整政策。

◇◇ 农业生产问题

一 灌溉与机械化

对水资源的利用是影响农作物产量的关键因素，尤其以水稻对水的需求为代表。笔者将具体介绍农业生产灌溉原理、用水矛盾及水库管理，同时也将关注农业生产的机械化应用。

从蓄水到引水再到放水进稻田有一套水利工程。结构上，普通的水库建在山脚或半山上依托山势汇集雨水，再通过水渠引到各片稻田，各家再控制水渠的一段放水到水稻田里，通常是一个小组共用一个水库，大一些的水库供5—6个小组使用。

水利的结构具体而言分为几块：

水库放水通过堤坝边上的放水口进行，地下铺设管道与水渠相连，放水口呈阶梯状以便适应不同的水位，最低的阶梯与水渠的平面齐平，每个阶梯一个管道竖直放置，管口用砖头和沙袋压住，需要放水时人站在相应水位的阶梯揭开砖头，用完后再盖上。更小一些的水库没有阶梯状的放水系统，放水口直接由一个袋子掩盖（见图6-8、图6-9、图6-10、图6-11）。

第六章 农村产业结构

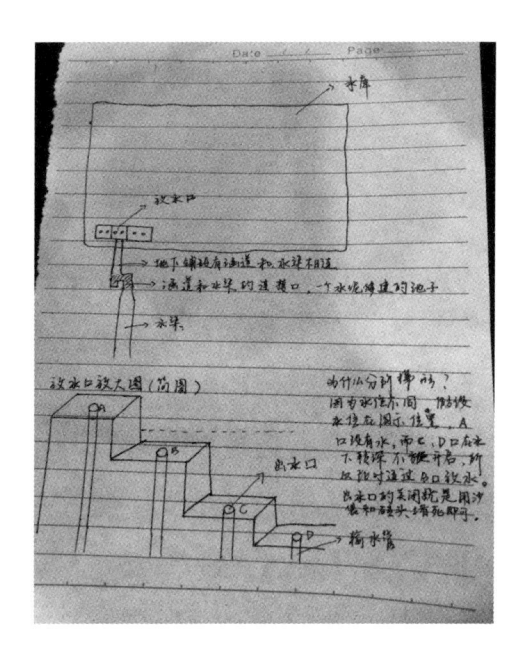

图 6-8 水库放水到水渠示意图

图 6-9 农户与水渠实景

图 6 – 10　水库的放水阶梯

图 6 – 11　水库放水口

水渠通到稻田中间，每段间用木板隔开，取水时按照离水库由近及远的顺序依次进行，同一片田里最远处大约要等5—6个小时。A、D取水时，关闭木板a，再打开各自田间用泥巴封死的连接口放水，当田里的水够了时就再用泥将其封住，打开a板，B、E田再进行灌溉，以此类推。

从水库下来有大水渠分支成许多小水渠流向田里（见图6-12、图6-13、图6-14、图6-15、图6-16）。

图6-12 在田地端的水渠

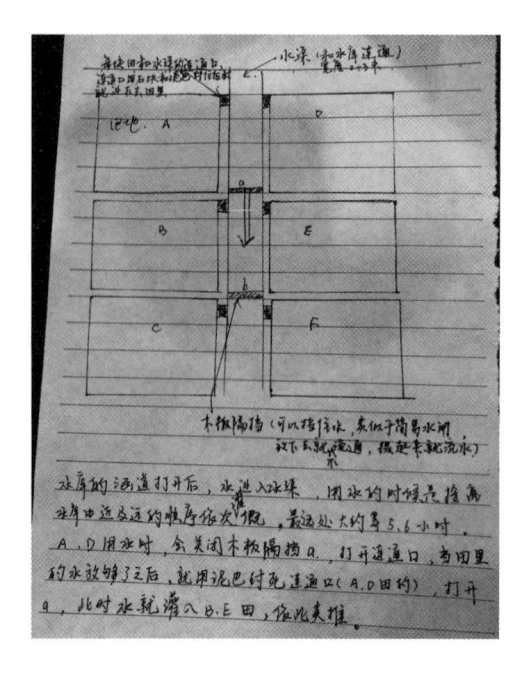

图 6-13 水渠放水到田间示意图

图 6-14 大水渠

图 6-15　由石头砌成的小水渠

图 6-16　每家田前面的堵水泥土

水渠引流的水库分为两种：大水库与小水库。小水库是前文所说的普通水库，水库和所连接的水渠均是毛泽东时代修建起，以小组为单位进行使用和管理，村民免费进行使用。大水库是指文陂镇修建的陂山水库，由水利局管理，每年在抛秧之前、之后和收稻谷之前放水，每次放水持续一个礼拜，村民只需缴水费。也有些小组将大水库作为小水库缺水时的补充。

放水是否及时和水库是否完好会影响水稻的生长与最终产量。水库堤坝如果被冲坏，大雨后向下的水流会冲到水库下方的稻田里，稻子被冲倒以后就无法收割。

另外，大水库下暴雨时会放水，这样下面的田地就会被淹，根据村民所说，2012年有过一次大水，之前会给一点点赔偿。近年没有被淹，因为政府花钱清理了河道，资金来源于区里负责的水利工程项目。

如果水库存在塌陷也会产生蓄水不足的问题。放水是否及时基本上由稻田距离水库的远近决定，距离远的放水等待时间长。维修水库的工作组织和放水顺序的决定在后文中会详细介绍（见图6-17）。

用水决定了水稻的生长，而水资源的稀缺性决定了其公共品的属性，由此衍生出存在的用水矛盾和小组作为行动单位在其间的管理（见图6-18）。

用水矛盾体现在同一个水库放水顺序，鱼塘、水库养鱼和政府工程对水库的影响上。在放水顺序方面的用水矛盾集中体现于水库取水道的上下游，由于上下游等待放水时间的时间不同，下游等待

第六章 农村产业结构 | **141**

图 6-17 塌陷的水库

图 6-18 水库下被冲倒的稻子

时间过长，于是通常是先来后到排队放水而不完全按照田地的顺序，中间发生的争吵就自行解决。在决定放水顺序里较有代表性的案例是水库由多个小组共享时发生的大村庄对小村庄的欺压。大村庄掌控着水库的实际操作权,小村庄经常无法及时放水,需要用抽水机从鱼塘中抽水灌田,这又涉及了鱼塘养鱼者的用水需求。(对鱼塘的经营模式后文有详细介绍。)

刘梁两村与富溪农庄三方的用水。

刘姓是小村,一村是一小组;梁姓是大村,这里涉及梁姓村的5个小组,以梁姓代称;富溪农庄在本次报告多处提到,是一家承包了500亩梁姓的稻田用来种植荷花的企业。在农庄介入之前,刘姓和这部分梁姓共用一个水库,由于梁姓是大村,实际的用水权掌握在他们手中,刘姓得不到足够的灌溉用水。2014年农庄介入,在承包田地的同时将水库一起承包,由农庄按照荷花的需求控制放水的时间。有趣的是梁姓的田被承包后不再关注水库的使用,而刘姓未被承包的地,虽然只能按照荷花地的时间用水,情况也好过与梁姓争夺水库的时候。在农庄的放水不能满足刘姓时他们会利用抽水机抽取自己小组鱼塘的水引到稻田里。这是第三方将公共资源的使用权直接划为己有进行管理后发生的改变。

农庄承包田地的过程也反映了用水对农业种植的重要性。按照企业负责人的说法,他们是通过村委对每个小组做了宣传工作以后村民自愿签署租地协议,每年每亩480元(政府给企业补贴为每年每亩1000元),最后所有的村民都将地租了出去。而从村民口中了解到,由于农庄掌握了水库的使用权,放水时间都按照荷田的需求,就实际上无法在中间种植水稻,只能"自愿"签署协议。

另外水库中还可以养鱼,在上面例子里的富溪农庄就在水库中进行了养殖。各个小组的水库也会承包给组内的人家进行养殖,与此同时还有每个小组的鱼塘。通常情况下养鱼和农田用水没有矛盾，但遇到干旱或是水库损坏时养鱼者就可能会和放水者发生冲突，最后通常是放水者趁半夜偷偷放水，而养鱼者表示"没有办法"。

在用水问题上还有一个突出的矛盾就是政府修建公路等工程时对水库产生的破坏。水库损坏后村民没有能力自行修复或重建，需要求助于交通管理局修理或补偿，而通常交管局会将事务推给水利局，各部门互相推脱导致问题水库搁置，村民用水困难。

还有修高速公路破坏水库的例子。

在这个事件里，政府为了修建高速，在半山拦腰修了一条支路，截断了水库的水源，该水库供一个小组使用，如此导致了水库蓄水不足，小组的稻田用水困难（见图6-19、图6-20、图6-21）。

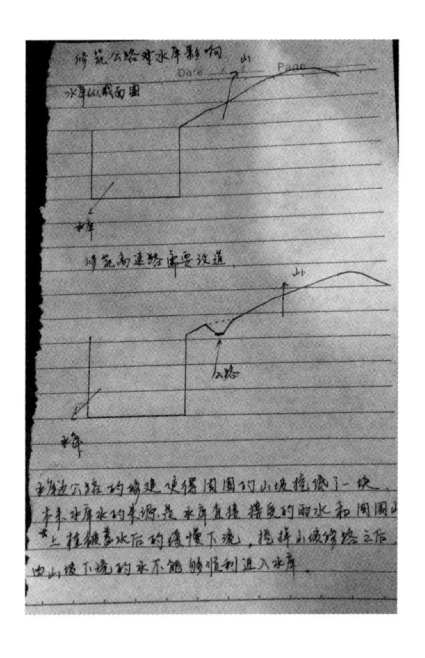

图6-19 公路截断水库水源示意图

图6-20　公路截断水库水源实地图

图6-21　截断水源的路

在这个例子里，该小组的组长与公路局协调相关的补偿事宜，公路局与水利局互相推脱，最后经过一年的时间，公路局表示想一次性将损坏水库的损失补偿给村民，但是小组想要每年都有一定的补偿，因为水库的损坏是永久的，而小组也无法再新修水库，这样一来对水库下稻田的产量也会产生永久性影响，到访谈结束时双方还没有达成一致。

在水库遇到问题和用水发生矛盾时通常以小组为单位进行维护和管理。从水库维护上来看，由于小组缺乏资金，通常是利用人力进行预防性的维护。比如在下大暴雨、大水冲击水库的时候，组长会带领着组员冒着大雨去进行水库的防洪和保护，防止水库被冲垮。如果这样保护了之后水库仍然受到了较为严重的破坏，通常水利局就会拨款维修。如果需要的钱比较多（五六万元及以上）需要政府部门解决，如果钱比较少（一两万元），小组内部凑钱也可以解决。但是这也与小组组长的领导力有关，也有小组的水库平时不做维护，损坏以后无法筹集资金，只能将坏的水库搁置。用水矛盾的处理主要体现在上面公路截断水源的例子里，与政府部门进行协调、分配补偿金的工作均由组长负责。同时，组长的能力还体现在土地调整的方案制订与协调上，这部分内容在本章土地一节有详细介绍。

除了灌溉用水以外，我们还关注了水稻生产中农业机械的运用。一般有压田机和收割机。压田机较小，可以手推，用来翻地；收割机较大需要驾驶，用来收割成熟的水稻（见图6-22、图6-23）。

这两类机器，尤其是收割机，只能够在较为平整的田地里使用。收割机进入田地主要的困难有通过河道水渠和山坡。山坡无法上去,坡地的稻田只能采用人工收割(由于无法机械化和引水困难的坡地通常被称为"坏地")。而过水沟时,政府拨款修建板桥供机器通过,通常每两亩地修一个桥。由于建桥可能会占用一部分耕地,一般若有占地的情况发生,该小组会将其纳入土地调整。机械的来源上,大部分农户家用的压田机是租用别村,小型压田机200元/亩,大型压田机为100元/亩。收割机一般是外地开到村里,安徽与江苏的较多,费用80—100元每亩不等。由于每户的土地都较为零散,租用机械时一般是几家合租。本地直接购买的基本上是压田机,小型的3000元,大型的六七千元,政府在购买农机上有一定补贴。

图6-22 正在工作的压田机

图 6-23　正在工作的收割机

二　鱼塘

鱼塘是指捕鱼或养鱼的地方，特指鱼围塘的内部间格或圈住鱼的围网，本文指渼陂村中适宜养鱼的池塘。和《江村经济》时期相同，鱼塘作为水面的一部分，被界定为村民集体财产，其支配权归属村小组。笔者将从鱼塘的承包步骤、功能和转用三方面分析本村鱼塘的使用情况（见图6-24）。

鱼塘的承包步骤由村小组全权主持，村小组将鱼塘承包给个人并收取一定的费用作为组内经费。每个村小组根据自然地理情况享有一定数量鱼塘的支配权，这部分鱼塘多为自然形成或者集体经济

图6-24 鱼塘实景

时期村民共同建设,属于村民的共同财产。村小组召开组员大会确定鱼塘的归属问题,村民以投标的形式竞争鱼塘的使用权,出价高者与村小组签订合同,规定可有偿使用某个鱼塘5—10年不等(依照不同的小组政策不同),鱼塘的租赁费用一次性付清。合同到期后则重新召开组员大会确定鱼塘的使用者。

本村鱼塘的用途主要为养鱼和放水。根据调查发现,承包者承包鱼塘很少用于营利,其收获的鱼多用于年节招待客人或自家食用。究其原因,首先,鱼塘的面积较小,养殖成本高,难以形成规模经济;其次,当地村民个人的养殖技术落后,鱼苗的成活率较低。同时,由于本村鱼塘的边缘较低且距离较近,夏季涨水时常出现鱼从一个鱼塘流入其他鱼塘的现象，再加上有人偷钓，鱼产品存在流失；对此，村民并未采取有效管护措施，如果自家的鱼流入其他鱼塘，则不予追究，对于偷钓现象，邻里乡亲看见会进行喝止，但并无实际惩罚措施。在放水方面，鱼塘中的水对稻田用水起到补给作用，当水库供给不足时，可使用鱼塘中的水进行灌溉，但必须获得鱼塘承包者的同意，且用水的数量和用水对象均要受到承包者的限制。

在鱼塘的转用方面，本村村民享有较大的自由。村民有权自行决定将粮田转变成鱼塘，该部分鱼塘由村民自己管理，而不必向村小组上缴费用。但由此带来的土地性质的改变给土地调整带来了阻碍。当本小组需要进行土地调整时，土地减少方可能以鱼塘的投入较高为由，拒绝将在粮田上挖掘的鱼塘让出，或拒绝付出更多努力将此鱼塘填平用于土地调整，这也构成了本村某些小组土地调整长时间无法落实的一个重要原因。

综上所述，鱼塘是为数不多的由村小组掌握的集体财产，对鱼塘的支配是村小组重要的职能和收益来源。同时，本村对鱼塘转用管理较为宽松，这也为土地调整带来阻碍。本村鱼塘的主要功能为养鱼和放水，其中，养鱼多不用于营利；鱼塘放水作为对水库放水的补充，其使用要受到鱼塘承包者的限制。

三　粮田转用

本文的粮田转用专指土地用途从农业变为非农。根据转用原因，本文将从村民住房用地和政府征地带来的粮田转用两方面进行讨论。正如《江村经济》中提到的，"对游戏的本身一无所知，就不能了解游戏的规则"。下文通过对土地转用的处理方式、补偿等方面的描述，尝试厘清土地转用现象在农村的表现，从而从一个侧面领悟"人与土地关系的法律权利与习惯权利体系"。

(一) 村民住房用地转用

本村每个家庭所分到的宅基地数量固定不变，随着后代的繁衍以及人口的增加，住房用地不够的现象较为普遍，为此，村民可以采用转用粮田和购买村委会统一建立的商品房两种措施置办新房。本文主要讨论第一种措施。

粮田转变为住房用地的方式分为自上而下和自下而上两种。自上而下指以乡政府为主导集中批准某块粮田的转用，即允许对该块粮田有经营权的农民进行住房建设。该种批准方式具有效率高的优点，政府进行指示后，农民可以较快速度地在有关部门办好相关建房手续（集体土地使用证，由青原区政府、吉安市国土资源局青原分局、国土资源部发放；乡镇规划选址意见书，由青原区建筑局发放；详细规定住宅的建筑面积和占地面积）。但它的使用次数较少且具有一定偶然性，一般属于重大自然灾害造成粮田无法使用后乡政府出台的措施（见图6-25、图6-26）。

自下而上的转用方式是指个人或企业自行向上申请改变土地用途。个人申请需要经过村小组—村委会—乡政府层层审批，企业申请则要获得土地经营权所属村委会和镇相应职权单位的批复。该种

第六章 农村产业结构　151

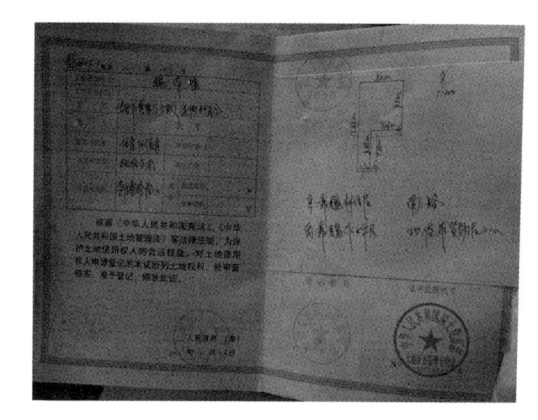

图 6-25　集体土地使用证

方式的效率较低，往往花费数年时间。据村民反映，如果在手续不完善的情况下私自进行建房，则个人的住房一旦面临拆迁，不会予以补偿；企业的房子则会在例行检查时面临罚款。

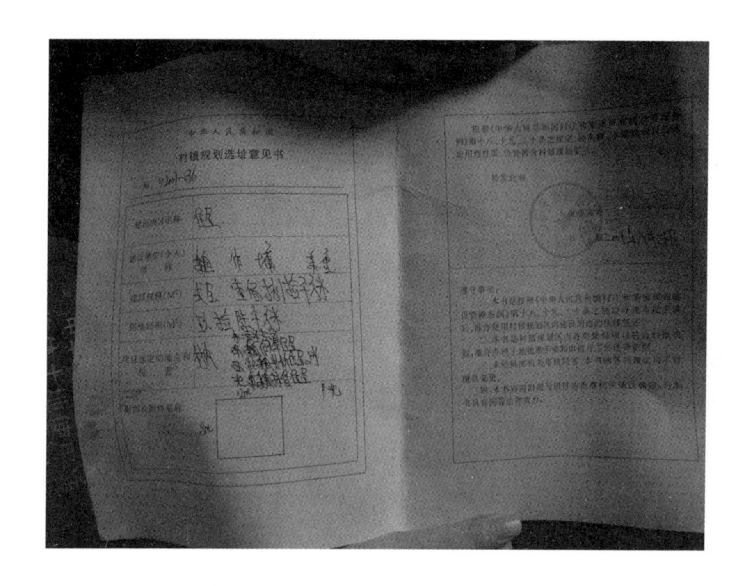

图 6-26　村镇选址意见规划书

村小组在住房用地转用中的作用主要为批示个人住房申请。村小组对个人申请的筛选体现为不允许其他宗族的人住进本组。我们了解到,一个小组的村民多属于同一宗族,若外姓人申请在本组粮田上建房,即使经由粮田承包农户同意,也不会得到小组的批准,渼陂自然村某小组组长认为,允许外姓人入住就好比"允许日本鬼子进村一样"。同时,笔者了解到村小组同时承担着收取"建房费"的功能。村民建房后需要向小组缴纳每平方米8—10元钱的"建房费"。但有的小组反映该笔费用由村民直接上缴至自然村理事会,不排除不同小组有不同收费政策的可能。

(二) 政府征地带来的粮田转用

由于旅游业的发展和"兴村"指标、新农村建设的落实,近年来,渼陂村频繁面临政府征地,其用途为道路修建、停车场建设、沟渠修建、商品房建设等,其中,沟渠建设的目的为各户从水库放水提供畅通渠道;道路建设分为平地路面平整和梯田山路的建造,二者分别为发展旅游业和方便拖拉机上山、实现农田机械化。下文将主要讨论政府征地后的补偿落实情况以及村小组在其中的作用。

例如,渼陂自然村某组的补贴发放原则为之前的组长早年制定,即使组长更换,补贴原则也不能发生更改,由小组组长直接按原则发放,不再召开大会进行讨论。该组要求"人田对半分",以户为单位进行发放:将发的钱一分为二,一半按照各户所拥有粮田的亩数发放,一半按照各户人口数发放。该组补贴的发放对象为小组内的每一户，不管政府征地是否占用了该户的土地，只要属于该小组，这户人家就有权得到补贴，就像该组组长说的，"政府征地可能征到组里的每一户，人人有份儿才公平"。

上述例子中提到的溴陂自然村某组的发放原则在早年间已经定好，因此后来征地后的每笔补贴都能由组长进行较快的发放。与之相对应，唐湖村某组的公路占用粮田补贴却迟迟发不下来。该组组长召开组员大会讨论是将这笔钱款留在组内还是归被占田的各户所有，由于组内成员的土地并非全部被占用，因此未被占地的各户要求将钱留作组内经费，而被占地者则要求钱款发放。该小组组长希望达到组内成员一致同意的意见，但无法协调不同利益者的要求，因此补贴原则迟迟没有定下来，造成本组的村民意见较大。

政府的补贴下放到村委会后以小组为单位发放，组长具有同意补贴协议并签字的权力，这使得组长拥有较大的自由裁量权，在组长主持下不同小组有权制定不同的补贴发放原则。

同时，由于本村在外打工人数较多，本村的人地关系呈现地多人少的特征，土地流转较为随意，即使本户的地被征走，如果想要耕种，也可以免费去种植他人的土地。因此该种分配原则实施较为顺利。当然，组长的签字权也使得其能力成为补贴下发效率的重要影响因素。

综上所述，政府补贴分配到户的环节以小组为媒介进行，不同小组的发放效率有所不同，这也与补贴分配原则和组长能力关系密切。

◇◇ 小结

渼陂村的农业生产在土地、灌溉、鱼塘、良田转用方面均有突出特点。从土地问题来看，本村土地抛荒问题表现为个人和企业抛荒，与中国大多数农村相似，个人抛荒的主要原因之一为人口流动，当然也考虑到本村地理环境带来的土地质量问题。企业抛荒是国家补贴高于土地租金所致，体现了政府在鼓励规模农业发展时的信息不对称性。本村的土地流转以个人之间的口头协议为主，一方面，土地市场的供大于需使土地转让变得随意，另一方面体现了乡规民俗在农村土地上的作用。本村的土地调整问题以村小组为主导，各小组根据人口增减可自由选择调整土地位置或数量或不进行调整，某种程度上反映了国家"土地经营权三十年不变"的政策的落实具有滞后性。

本村的灌溉主要通过作为公共品的水库，本村的用水矛盾体现了不同宗族的实力对比关系，水库的后续管理也与村小组组长的能力密切相关。当然，村小组作为农业生产的重要组织单位，在鱼塘承包、发放政府补贴、批准个人建房等方面同样发挥着重要作用。

综上所述，渼陂村的土地、水利灌溉、鱼塘管理构成了其农业生产的有机体系，其中村小组作为农村最小的行政单位，在其中发挥着重要的组织和领导作用。

第七章

非农就业[*]

尽管青原区在2016年前后已经实现了二元户籍统一的改革，渼陂村村民的户口也都已经转为了居民户口，但村民生活、生产方式的转变是缓慢的。传统的农业和新兴的非农就业在渼陂的多数家庭中呈现出并存的特点，共同构成村民的经济来源和文化载体。本章我们将通过探究渼陂村非农就业的原因、特点、影响及发展趋势，管窥在当代乡村变革中非农就业所扮演的重要角色。

◇◇ 就业大背景的根源

一 为什么会有大量的非农就业？

首先我们注意到的一个现象是，渼陂村的中青年一代（20世纪70年代及以后出生的）绝大多数都以非农就业为主业，从事农业的

---

[*] 本章作者为谢添、邬昕瑞、张浩嵩。

都是家中的老人。而且如果老人有足够的人力资本，也会去寻求非农就业的机会。这些特点在后文中也将会提及。总之，在村民进行取舍的过程中，非农就业不但成为很多人的选择，而且可以说是让农业在短期内的价值显得黯然失色。从总体来看，江西省农村从事农业的人口占农村总从业人口的比例从1980年的95.5%逐步降到2012年的46.0%，[①]也说明了非农就业的重要地位。这一历史趋势同时说明，我们在渼陂村所观察到的现象只是潮流中的一段截面。说明为了进一步对渼陂村非农就业特点进行刻画，我们应当建立一个时间流的视野，将现状拓展到来龙去脉。

渼陂村这么多村民放弃已有的农业转而从事非农就业，背后有着必然的原因。最直接的一点自然是很多非农就业的收入比农业高。但是村民从事非农就业也不是没有代价的。其一，大多数村民的社会资本是有限的，而本村内的就业岗位又极少，从事非农就业便意味着风险、漂泊。其二，离开本村的家去外地就业往往意味着子女教育的牺牲。其三，年轻人离家就业会使得原有的家庭结构、宗祠活动发生巨大的变化。因此除了简单的工资优势外，更多的原因也应当得到揭示。

首先是农业收入不足以支撑基本的家庭生活开支。渼陂村几乎没有林地，农业以耕种田地和家庭养殖业为主。在非农就业比较少的20世纪70—80年代，由于村民生活奉行节俭，人口也较为少，且家庭的教育开支不大，收入尚可以大致满足生活需要。人口增

---

① 数据来源：中国国家统计局，2013年。

多、开支增大之后，便渐渐难以支持。例如村中到了 20 世纪 90 年代，仍有正常家庭的子女因不能负担学费而辍学的现象。

村民入不敷出的现象出现有着历史的必然因素。在调查中我们发现，渼陂村平均每人的耕地面积不足一亩，有的甚至只有三四分。若按 2011 年村所在地文陂镇平均产量计，一亩田地年产量约 1200 斤粮食，[1] 按市价折算约合 1560 元的收入。而 2011 年江西省农村平均每人年支出则约为 4029 元。即便按一人一亩地算，加上一些家庭养殖业（含鱼塘养殖），也不难发现农业收入不能保证家庭正常开支的现象。考虑到近年来农村耕地土地流转和闲置地的情况，平均耕地不足一亩的现象在改革开放初期可能会稍好一些。但是 1990 年江西省总体的平均耕地面积也仅有 1.15 亩，不仅低于同期全国 1.6 亩的平均水平，在 30 个省市区中也仅排倒数第八。[2] 从总体水平来看，渼陂村土地少是村民从事其他行业的一大驱动因素。

村里人口的增加则进一步加剧了收入与支出的矛盾。在调查中，约 87.5% 的家庭都在计划生育期间有超生的现象。事实上，当地计划生育执行力度不够、重男轻女的宗族文化等因素都使得村里人口增长十分迅速。这种地域性的特点也在更大的范围里有所体现：在 1998—2012 年，江西省人口的出生率始终高于全国平均水平 0.13—0.2 个百分点，平均出生率在全国 29 个省市区（去除数据遗漏省份）中排名第八位。而且同期江西省的人口死亡率是低于全国平均值的。

---

[1] 数据来源：《青原年鉴》，2012 年。
[2] 数据来源：中国国家统计局，2013 年。

在这样巨大的经济压力下，村民想单独依赖农业来维持家庭便是极为困难的。

其次，渼陂村的传统文化是重商、重教育的。在富水河水运发达时期，渼陂因商闻名。清代、民国时期从事商业的当地"四大家族"也曾盛极一时。商业之外，古庐陵也是一个人才辈出的地方。村中的宗族、祠堂文化影响力虽然很大，但并不要求族人安土重迁，反而平等对待在外地和在本村的族人。因而渼陂村传统的文化一直很看重农业以外的产业发展。事实上，在没有充足就业机会的改革开放初期，村里人就已经在从事一些手工业来作为额外的产业。这种传统文化体现在个体家庭上，则是各家对读书、经商、务工的支持态度，并且在代际得到传递和强化。

二 为什么务工人员大量外出？

渼陂村的非农就业除了比例非常大以外，地点也主要是在外地，不在本村。临近的广东、浙江成为了很多务工者的目的地。而在吉安城里务工的人虽相对外省务工为少，也占了很大一部分。由于外出就业如此重要的地位，在进一步对就业特点进行描述之前，从历史条件的角度对外出潮流何以形成进行解释很有必要。

首要的原因是，改革开放初期江西临近的沿海省份经济发展迅速，尤其是大量劳动密集型产业的建立，与江西省当地发展较缓慢的产业形成鲜明对比。当时，上面提到的收入矛盾已经比较严重，又加上地域的邻近，因而 20 世纪 80 年代初期当地刮起了一阵外出务工风。而渼陂村这样的乡村，文化水平不高的村民大多选择的是知识技能要求较低的产业，获得收益更高的工作主要依靠本村的社会资本。因此在个体大致相近的情况下，后续找工作的村民基本上是经由已在外务工的亲戚朋友介绍来获得岗位。这种互相的介绍使得渼陂村的外出务工形成一种集聚的效应，加强了外出的倾向。江西与外地不断完善的交通网络更是让邻近的沿海省份对江西务工人员的吸引力进一步增加。另外，文化水平高的村民考取大学之后很少能够依靠本村的社会资本，更多依靠自己在外地的社会资本，因此离开渼陂村工作也是更多人的选择。同时，由于一开始兴起的这一股外出风，本地经济发展所要依赖的人才就更缺乏，相对于沿海地区就更不容易快速发展起来。在这样的作用下，长期以来外出就业的比例一直很高。

其次，在沿海地区发展的同时，吉安当地的经济也在快速增长。2001年前后，吉安在当地建立了工业园，建筑业等其他产业也逐渐兴起。由于有教育、交通方面的优势，吉安当地兴起的产业也吸引了很多就业。而渼陂村的产业发展则不容乐观。在2005年前后，渼陂村开始借助旅游资源丰富的优势，发展旅游业。之后也引进了目前经营着渼陂古村的旅游公司。但是旅游业的发展不太景气。渼陂古村不仅没有发展起相关的旅游服务业，而且门票收入也十分微薄。时至今日，旅游业在本村解决的就业人数也是屈指可数。另外，尽管村里也开起了几家制衣厂和一家电子厂，但是这些工厂仅是进行一些边角料、小部件的简单加工，只提供一些低工资的临时工岗位，解决的就业有限，而且村民也很难仅依靠在村里工厂打工维持生活。尽管2008年国际金融危机爆发时，很多外出务工的村民在沿海就业困难而回流，但是相比较而言，在外省和在吉安务工都还是比在本村更加优越。

◇◇ 就业特点

在调研中，我们发现，渼陂村的非农就业情况主要具有以下几个特点。

一 地点去向

村民外出务工的地点多集中在广东，也有少数人前往上海、浙江等地务工。在本地务工的村民则兼有在吉安市里工作的和在文陂镇上工作的。如果将在本村做一些临时小工的村民计算在内，占成年村民约75%的务工村民中，约有40%在外省，15%在吉安市，45%在本地。同时，在外省务工的村民有着一个很明显的集聚效应，例如自己家里的亲戚朋友等往往会互相介绍，到同一个单位或者同一地区的类似单位工作。这种现象我们将在后面进一步阐述。

二 途径

村民在寻求本村的临时小工就业时，往往并不需要经过介绍或是严格的筛选，而具有天然的同村优势，就业相对容易。当然同时与之竞争岗位的人，也多为本村人。另外，村内的就业机会一般工资不高、门槛不高、不紧缺人手。因此村内就业显得相对随意。这也是本地产业发展比较滞后的一个结果。

而在外省就业则不然。由于外出务工承担着很大的代价，也面临着诸多不确定的因素，因此在外省务工的村民会更想去争取一些收入比较高的工作。同时客观上，经济更发达地区大量的差异化就业机会也为村民提供了选择的空间。这时村民就业要依靠的主要就是人力资本和社会资本。其中，九成左右的就业者在开始找工作时缺乏专业知识和技能。因而他们非常需要熟悉的亲戚朋友的帮助。另外，村民的社会资本很少触及较高的阶层，掌握一定资源的亲戚朋友跟这些务工者具有非常相近的条件。由此，这些外出务工的村民不但依赖于社会资本以寻求工作岗位，也要依赖社会资本帮助自己获得岗位培训、拜师学艺等提高人力资本的机会。另外，也是由于村里的社会资本分布阶层靠下，故而具有较高学历的就业者倾向于依靠自身的人力资本和在外地积累的社会资本找工作。因此这两种不同的倾向就造成了我们所发现的一种分化，即村里未读大学的村民基本是靠村里的亲戚朋友介绍来找工作的，从而也形成聚集，而大学毕业的村民往往是独自在外找到的工作，也不具有聚集性。当然除此以外，也存在着初中或高中毕业后若干同学结伴去广东闯荡找工作，不依靠在外工作的亲戚的现象。

在吉安市工作的村民则介于上述两者之间。而且我们注意到，村民的社会资本在吉安市的中高阶层也很少有触及。因此学历较高村民独立就业的规律依旧适用,只是由于具有地域优势,且产业相对落后,低学历就业者对社会资本的依赖度大大下降了。

三 行业分布

我们注意到,村民非农就业主要集中在建筑业、轻工业等行业。建筑业工人又分为两类,一类是技术工人,包括从事房屋粉刷、基坑监测等的工人;另一类是非技术工人,如建筑工地上的小工等,在工地没有固定岗位,主要做杂活,如拌水泥、搬运建筑材料等。而轻工业企业则包括电子元器件厂、皮革厂、服装厂等。之所以会有行业的集中,也是因为上述的人力、社会资本造成的集聚效应。值得一提的是,上一点中提及了村民社会资本很少触及高层,事实上由于固有的经济条件相对较差,村民的人力资本也很少有较高的。在我们的走访中,考上非高职类院校的不足大学生的1/10,其中毕业后从事知识相对密集行业的凤毛麟角。

四 年龄特点

除了60岁以上的老人因年龄限制和身体原因就业困难外,村民的非农就业并不因年龄差异而有很大差别。在调研中我们发现,如下模式是较为普遍的:孩子入学年龄前,年轻夫妻一起在外省市打工;当孩子达到入学年龄后,妻子回到本村附近市镇务工,而丈夫则继续在外省市打工。这主要是出于保证孩子接受良好的教育的考虑。用年轻夫妻自己的话说，以他们的平均文化水平，大致可以辅导孩子小学低年级的功课。而如果夫妻同时在外省市务工，孩子就由祖辈照顾。由于祖辈多不具备辅导孩子学习的能力，就只能花钱上补习班了。

五 合同、保障与休假

村民对劳动保障的了解缺乏，对劳动合同的重要性认识不足。事实上，我们访谈的绝大多数村民也表示从未签订过劳动合同，只是每月按时向雇主领取现金，且从未缴纳过劳保、社保。当被问及今后因年老而丧失工作能力有何打算时，他们多表达了"走一步看一步""车到山前必有路"等想法。这反映出，村民对未来的规划不足，风险应对意识不强。他们的家庭经济结构几乎毫无承受冲击的能力，一场大病或意外工伤就足以使一个家庭坠入难以维生的深渊。在我们的访谈中，因病致贫的现象也较为常见。这一方面源于雇主方千方百计提高竞争力的行为，甚至形成相互勾结而使就业者处于弱势；另一方面也因为村民大多仍然保有每人至少三四分的土地。土地在传统的意识中意味着保障和退路，因此村民寻求工作单位进行保障的意识不那么强烈。

大多数在非农行业就业的村民所在单位都是采取一周一休的休息制度。由于留在本地的劳动力很大一部分是需要照顾孩子的年轻女性，计件制比较符合她们的需要。在本地各种厂的数量增加，对劳动力的竞争趋于激烈的背景下，一些厂采取了计件制，部分厂甚至允许工人在家里工作。所在单位采取一周双休制的村民是少之又少的。应当引起注意的是，我们访谈到的村民所在单位均未执行职工带薪年休假条例，大部分工人只有每周一天和过年的七天左右的时间可以用于休息。

六　工资水平

根据我们的调查结果，我们将从事非农就业的村民按工资从高到低主要分为以下四档。

第一档，技术工人。如从事房屋粉刷、基坑监测、珠宝设计等的工人。这部分工人月工资为5000元以上。我们注意到，不论在外省市还是附近乡镇工作，这部分工人工资均处于较高的水平，但同时他们也提到，附近乡镇的工作机会明显少于外省市，经常有较长的时间接不到活。

第二档，在广东等外省市工作的非技术工人。比如富士康的工人、在轻工业厂工作的工人。这部分工人月工资多处于3000—4000元档位。

第三档，在吉安市区工作的非技术工人。具体工作包括建筑工地的小工、打零工的工人等。这部分村民月工资多处于1500—2500元档位。

第四档，在本村做一些杂活的村民。如在村里临时做小工或帮人看店的村民。这部分村民月工资在1000元左右甚至更低。

此外，需要注意的是，我们的样本中没有自己开办乡镇企业的村民，但根据其他组的调查，本地一些较有经济头脑的村民开办乡镇企业致富，效益好的（如超市、富溇农庄等）收入可达每年几十万元。

在工资与性别的联系方面，总体来说男性工资高于女性。但在从事同一工种时，男女之间的工资差异不明显。不同工种工人性别构成差异大，比如建筑工地上的"大工"（指有级别的技术工，如木工、泥工、粉刷工、钢筋工、油漆工等，是相对小工而言的），几乎全部是男性，而大工工资显著高于小工。因此，男女之间的工资差异主要是由男性与女性所适合并擅长从事的职业类型不同导致的。至少基于这样的看法，当地居民对以性别为参考的职业歧视并没有表现出抵触情绪。

在工资与教育程度的联系方面，由于当地村民普遍教育程度较低，大多数人为初中毕业，而初中教育显然并不能像高等教育那样直接地使得一个人具备某种职业技能。与此相对地，接受某种职业培训（进作坊学徒学习手艺，或是拜某种工匠为师等）对工资的提升较为显著。当地的老人也告诉我们，他们择婿时会优先考虑有手艺的年轻人，认为有一门手艺就等于有了"饭碗"，生活有了保障。

另外，我们还发现了工资安排存在一定程度的地域歧视现象。例如有村民告诉我们，他们在温州务工时，在做同种工作、工作量相同的情况下，本地人的工资高于外地人，且多次向老板抗议无果。

◇◇ 就业视角中的乡村

在渼陂村的调研中，我们发现非农就业已经成为了这里村民就业的主要形式，由于地少人多再加上种地收入较低，寻找非农业方面的谋生方式就成为了村民的必要。实际情况也是这样，我们调研时村子中大部分只剩下老人孩子在家，年轻人都在外面工作。因此，非农就业对村民们的生活产生了巨大的影响，应该说非农就业的收入是村民们生活的主要来源，也是生活情况改变的主要原因。在走访过程中，我们发现了渼陂村中非农就业和这里许多其他方面的密不可分的联系。这种联系生动地活跃在不同背景、不同层次、不同命运的家庭中。我们将从具体的实例和细节出发进行讨论。

一　教育

在我们调研中发现非农就业与教育之间关系很密切，教育水平很大程度上会决定就业工作的地点、行业、薪资等，而收入的高低也影响了教育水平。例如，在我们调研的农户中，村民受教育年限普遍在初中及以下，有一些上过高中或中专，只有极个别上学时成绩非常优异的最终进入了大学或大专。

首先谈一下受教育水平对就业的影响。在我们的调查对象中

(有效劳动力),大部分人是初中及以下的学历,他们普遍都是在外地打工或者在本地做一些工,这些人基本都是临时工,并且集中在工地和轻工业私企中,赚的都是辛苦钱;极少数人是大学毕业,他们在大城市中有稳定工作,在单位是正式工,例如曾正香老人的儿子是湖南师范大学毕业的,目前在长沙一所高中做教师,收入稳定,在能维持自己和孩子的生活用度外,每年还能固定给家中的母亲寄一万块钱。另外一个大学毕业的是榨油店老板梁礼绘的儿子,江西机电职业技术学院毕业后去了深圳进入富士康工作,这也是工作稳定的一个例子。剩下的大部分人都读完初中之后便没有继续上学了,一个比较固定的模式都是先在家帮忙做一些杂活,然后有机会和亲戚或者同村的一起出去到外地[①],跟着熟人一起打工,然后慢慢再继续做;还有一些不上学之后就会选择跟着一些手艺师父学一些技术,先从学徒工做起,然后再靠手艺吃饭。例如魏贤栋,这是我们调查中仅有的一户没和老人住在一起的年轻人,他们夫妻二人单独成户。魏贤栋就是初中毕业后跟着装修师傅学粉刷学了两年,然后自己单干,现在也做了10多年了,每年能有大概10万元的收入。总的来看,他属于收入比较高的一户,并且是在学历并不高的情况下,这说明有技术对于就业和提高收入也有益,其实换个角度来看,他做学徒工的两年也算是受教育,与上学的作用不相背,收入高也是正常的。

我们还发现,不仅自身的教育水平对就业会产生影响,对于自

[①] 绝大多数集中在广东的东莞、广州等地,也有部分在浙江、上海等地区。

己子女的教育重视也会对自身就业产生影响。在调查得到的情况中，有几家在外打工的人员近两年选择了回乡寻找工作，其中一个共同的原因是考虑到了子女的教育。有一家开家具店的店主告诉我们，她从初中毕业后就在广东打工一直到前几年才回来，其中主要原因就是孩子到了入学年龄，她认为自己回家方便照顾孩子并辅导其功课，老人虽然可以照顾小孩，但是对于学习方面就帮不上忙了，只能自己来。她说过这样的话："我回家虽然挣得少一点，但是孩子可以少去补习班了，不然我在外面打工，多挣的钱还是要给小孩交上补习班的钱，这样一抵就一样了。"可以看出，渼陂村村民中很多人即使自身受教育水平不高，但对于子女的教育十分重视，有很大的收入比例都用在了教育上。在文陂镇内打工的人员通常工资都在每月1000—2000元，但是他们的小孩上小学，暑期补习班一个月就要1000多元。① 而收入更高的家庭，通常会选择送孩子去吉安市内的学校上学，而不是在镇上就读，市里学校的教学质量更高，但是同样在市内上学的花费也更大．有的家庭选择了陪读，在学校附近租房子住，这样花费会更高，并且时间占用多，不能稳定工作。这就使得对于基本生活以外的收入要求更高，因此非农就业更加必需。可以看出，当前渼陂村中的村民对于下一代的教育极为重视，将子女能否受到良好教育摆在了一个相当高的位置上。但是局限于父母自身的文化水平，也由于当地村民往往有多个子女的现状，父母对教育重视的效果是有限的。成绩不好、转到好学校去

---

① 了解到一家补习班收费是每月1380元。

跟不上是比较常见的现象。

就业情况不仅对下一代教育有影响,还可能会对本人有作用。在调查家庭中,我们遇到了一户是媳妇在村里面做会计,同时还担任妇女主任和两委成员。最初被村里面推选为会计就与她上过中专的相对较高学历有关,在做了村里面的较多工作后,她也一直在坚持保持自身的学习,据我们了解,她目前正在上成人大学,还要准备考试。她的工作经历在很大程度上影响了其对自身教育的态度,而在工地或厂里打工的人员,基本都没有想要再接受教育的想法。所以,非农就业的工作类型选择对于自身教育的影响是很大的,需要做的工作越多,越复杂,要求也就越高,越困难,可能就需要从业人员接受更多培训。

二 养老

赡养老人是一个普遍存在并且十分重要的问题。费孝通在《江村经济》中有一章详细叙述了父母对于子女的影响,而在赡养老人方面只是简单提及。[①] 在渼陂村的调查中,大部分老人以前都是农民,有的依靠最低保障或者社保生活,还有一些完全没有保障,目前仍在打一些零工,种一些菜自己家中食用,了解到的情况包括,有的老人选择承包鱼塘、有的在村中做清洁工、有的给附近的机构单位做饭、有的自己开榨油店做生意。与我们想象相同的是,大部

---

① 《江村经济:中国农民的生活》第四章"父母和子女"。

分老人都是和儿子住在一起，几乎没有家庭是家里没有儿子的，但是有家庭是家中没有女儿的；出乎我们预料的是，除了个别年纪非常大，生活已经不能自理的老人外，其他都不需要儿子给家里出钱或供养自己。但老人都会收女儿的钱。根据渼陂当地的习俗，每年过三节，女儿需要孝敬父母，分别是春节、端午节、中秋节，拿钱的数量由女儿婚后婆家的家庭条件决定，也有女儿家庭情况不好的，就不再"过节①"了。

形成这种情况的原因是，渼陂的村民会将儿子视作和自己一家，儿子与自己的收入都是给家里挣的钱，大部分老人持有的想法都是：在自己还有力气的时候多做一些事来减轻儿子的负担，老到不能动的时候全要仰仗儿子，目前还是能尽一份力就做一份事。而对于女儿方面，则认为嫁出去的女儿就是别人家的人，能拿回来一些钱也是为家里增加了收入。甚至有的老人不仅自己维持自身用度，还替子女照顾孙辈，负责孙辈的吃穿以及学费支出。像魏林祥一户，两位老人在家不仅需要照顾已经97岁的老母亲，还一直帮儿子照顾孙子，魏林祥老人表示，孙子在家里住的时候，所有吃穿和上学的费用都是老两口负责，从来没有向儿子要过钱，倒是经济状况比较好的大女儿会每年给一万多元孝敬老人。还有夏九华老人，帮几个儿子和女儿照顾多个孙子、孙女、外孙、外孙女，用的都是老伴的退休金，没有向子女要钱。如果是儿子在外打工的话，钱一般都是自己在外用或者寄给媳妇用，老人普遍不会过问儿子和儿媳

---

① 特指三节女儿给钱孝敬父母。

的收入支出情况。

在调查过程中了解到,由于大部分老人年轻时都是农民,在家种地或者在厂子里面做临时工,普遍没有签订合同,所以并没有退休金,在失去做工的劳动能力后,生活来源缺少保障,主要依靠种地来吃饭。这很大程度上造成了村民不愿意出让土地,因为老了以后需要依靠土地来维持最基本的食物来源。而一些国企员工或者公务员退休后,都有稳定的收入来源保障,对于土地的依赖较小,也倾向于出让土地。尽管已经从农业户口变为居民户口,村民需要土地及类似的"铁饭碗"来获得养老收入和安全感的观念跟过去依然一样。

另外一点,渼陂村中村民,不管是老年还是中年、青年,普遍认为养老院不是老人养老的合适去处,在采访过程中,有的人在谈起将父母送到养老院的家庭时露出非常鄙夷的神色。同时考虑到养老院的费用较高,家庭养老还是目前渼陂村养老的主要形式。

三 健康

在渼陂村的调研过程中,我们特意询问了关于非农就业人员的自评健康状况。有一半以上的人认为自己的健康状况良好,还没有遇到身体健康方面的困扰,可能会在年纪较大时出现比较多的健康问题,老人们反映自身有一些老年人常患疾病,并且认为这都是比较正常的,还在可以接受的范围内。另一部分的受访人员表示自身健康不太好,有极个别受访人员表示健康状况非常差。

  首先，因病致贫是在调查对象中存在较多的一种情况。由于在外打工人员较多是临时工，与工作单位并没有签署劳动合同，因此当这些人在外地发生疾病时，工作单位不会提供医疗补助，又没有在当地缴纳医疗保险，无法报销医药费，因此外出务工人员一旦出现健康问题，不仅对劳动力和劳动时间有影响，还会对经济情况造成直接的打击。一名年轻人反映，自己在广东打工时生病根本不敢去医院检查，因为自己医保是在家里缴的，没有办法在外省报销。他说："生病都是自己扛着，实在扛不住了就去小诊所买点药，医院肯定去不起，挂号费都要一百，我一天工资才一百，挂个号，一天就白干了。"

  个人健康问题还会对就业时的选择产生限制，以务工人员来说，身体不好，打工就会受到较大影响。第一，招工老板不愿意招看起来体弱的员工，一方面觉得工作效率不高，干不动活，另一方面担心工作时候出什么意外情况或者健康状况；第二，健康状况较差的人员工作时间也会比健康人员短，身体较弱使得他们不能长时间工作，而许多务工人员做的工作都是按时间或者按工作量计算工资，这使得健康较差的人员工资收入会明显较低；第三，健康状况还会限制人员工作种类的选择，比如身体较虚弱的人无法干重体力活。村民王文平是从外镇嫁过来的媳妇，她的丈夫常年在外打工，她和婆婆在家一起带孩子。正值壮年的王文平却只能在附近打打零工，她由于神经麻痹，一只手不能够长时间用力劳作，这极大妨碍了她打工的选择。据王文平本人说，由于她自己的病，每次干几个小时就需要两天来恢复，工地上都不愿意用她，一个月才能找到几天去做小工的机会，算下来一个月就只能赚几百块钱。并且她的婆婆还患有精神疾病，需要持续服用药物，再加上公公2017年刚刚生病去世。家中多人糟糕的健康状况给这个家庭造成了沉重的压力，日子过得非常紧张。

但是我们发现，个人的健康状况对务农劳动似乎影响不大。不论个人是否健康，种菜、种地等农业劳动都可以照常进行。村民们表示，即使带病也要继续干，这是农民的本职和传统。因此同样是从事工作，村民对农业和非农工作的态度是有差别的。我们认为这种现象可能有两方面的因素：一方面是村民基本食物一般需要靠自家从事农业获得，以保持较低的生活开支；另一方面是大多数村民传统上仍从事农业，从地缘、文化、技能等方面来说，从事非农就业需要克服更高的交易成本。

此外，由于政策规定医疗保险的缴纳需以户为单位，所以造成了渼陂村中许多老人和子女分成两个户口的情况，这样可以只为老人缴纳医疗保险，而子女不用缴纳。这反映了村民对于医保的态度，有部分人认为壮年和青年不需要医保，老人缴纳医保更为划算。但是这样也存在青壮年患病医治，而医药费无法报销的风险，尽管如此，很多村民还是选择了分户口，承担这样的风险也不愿多缴纳医疗保险。村民梁礼绘在采访过程中向我们说："医保就应该改成，60岁以上老人有病可以直接住院，然后医药费全报。"一些村民对于目前的医保体系还是有很大意见。

四　宗族宗教

在渼陂村中，我们发现几乎所有的村民家中都有供奉财神爷和菩萨等神像，并且都是摆在一进家门正屋所正对大门的位置，可以看出来渼陂村村民对于神佛等宗教形象极为推崇。他们日常供奉菩萨，也会在特定的节日上香拜佛，主要是图吉利，希望可以得到神佛的庇佑。对于在外打工的人员，村民也会每次上香时为他们供奉一份，来保佑他们在外打工平安顺利。

渼陂村的宗族观念较强，内部不同姓氏分为大祠堂，人数较多的姓氏内部又会分为较多小祠堂，通常一个祠堂内部的人员来往会较为密切，在村中大小各种事务上也会团结比较紧密。据小祠堂村民反映，村中选举时，通常都是大祠堂的人得票最多，最终当选。而在非农就业方面，宗族的联系也显得比较密切。众多年轻人在刚离开学校的时候，都不具备自己寻找工作的能力，通常是由同一宗族的在外有打工经验的亲戚带着到外地寻求出路，而为了获得这种工作机会和在外地能够有熟人互相照应，宗族之间人员的关系保持成为了必要。例如，村民梁承荣告诉我们，他们一家两父子都是被大伯介绍到浙江温州去工地打工，做基坑检测的工作。对比村中其他同龄人，梁承荣不到30岁的年龄有5000元的工资已经算是较高的水平了，这很大程度上与他大伯是浙江大学的教授有关，他被介绍到亲戚的项目中做事，待遇会有较高提升。

对于祭祖的活动，渼陂的村民比较看重，根据村民刘利兰所说，大部分溪陂村村民在工作可以请假的条件下都会选择在七月十五回家祭祖，这项活动对于他们的重要性非常高，仅次于春节。除了春节外，七月十五也是一个回家团圆的重要日子。

五 就业的辐射

非农就业还会对人们的思想观念产生影响，在调查过程中，我们发现随着非农就业的逐渐普遍，人们对于自己就业的选择看法也发生了较大改变。榨油店老板梁礼绘就曾说到，开榨油店谋生并不是他和妻子的主意，而是他们在外工作的儿子的想法。儿子在外工作，一次回家时带回了榨油机，甚至没有和梁礼绘夫妇商量，就为他们做好了打算：为村民提供榨油服务，得到的榨油剩下的籽饼可以卖钱获得收入。从来没有接触过榨油业的梁礼绘就这样做起了榨油，而这都是因为他们在外工作的儿子有更多接触各行业的机会，由此看来，非农就业对于本身也会有影响，它从自身延展到了那些本没有机会和想法参与进来的人，且具有很强的扩张性。

◇ 形势与展望

一 就业形势概述

尽管溪陂村在改革开放之前就已经有村民在从事一些手工业作为

农业的补充，非农就业真正在村民家庭中扮演重要角色还是要从20世纪80年代初算起。随着沿海地区劳动力密集型产业的快速发展，渼陂村外出就业就增多了，青壮年劳动力外出务工逐渐成为潮流。随着交通条件的改善（如1996年京九铁路开通）、年轻村民文化程度的提高和打工关系网的发展，在外省务工的比例呈现出大体增长的趋势。

在改革开放初期，吉安市本地的发展相对滞后，渼陂村的发展就更加缓慢。但在2000年前后，吉安市在原有乡镇企业群的基础上大力兴办工业园区，市内的建筑业也逐渐发展起来，有了更多的适合农民就业的机会，从而吸引了部分劳动力。尽管市里的工资比外省要低，但是考虑到下一代的教育问题，很多村民选择回到市里工作。但回流趋势明显增强还是要到2008年之后。尤其是部分在出口企业就业的村民，在国际金融危机之后，企业受到了冲击，裁员甚至破产，从事相似行业的亲戚朋友也遇到类似情况，他们就很难再在外地立足，因此选择到市里就业。很多村民虽然并不十分清楚国家整体的经济形势，但是通过工作不好找、老板发不出工资等信号，他们感知到了形势的变化。

如果不考虑未来的留存偏差，而把现在的所有渼陂村村民考虑在内，那么必然有部分村民通过更高的知识文化水平在外地谋得了生活，他们的工作也有多样和复杂的特点，但更多的村民由于固有文化技能的限制，由于教育资源的缺乏，以及工作后自我提升的有限，他们仍将以较低端的工业、建筑业、服务业为职业，而且短时间内很难改变。渼陂村村内非农就业的发展跟渼陂标志性的旅游产业发展密不可分。在江西省重视保护和发展生态的大环境、渼陂人期盼开发旅游资源的小环境之下，村内的小制衣厂、小电子厂是否还能继续存在，就将成为不确定的因素。由于旅游业的发展趋势对非农就业影响太过重要，我们将在下一节中专门进行讨论。

二 旅游业：影响就业的重要一环

我们选取了渼陂古村的旅游开发与富渼农庄的旅游开发两个典例作为切入点，对本地旅游业拉动就业情况及未来发展预期进行分析。

（一）渼陂古村

渼陂村的历史文化遗存丰富，它集宗祠文化、宗教文化、古建文化、儒学文化、商贸文化和红色文化于一体，熔古绿红于一炉，被当今史学家誉为"庐陵文化第一村"，2005年12月被国家建设部、文化部等授予中国历史文化名村的称号。渼陂古村是旅游观光胜地，有很高的地方文化研究的价值，是庐陵文化研究中不可多得的文化瑰宝和典型标本。在渼陂村内，赣派建筑数量众多、类型齐全、规模宏大，有许多文物古迹和革命遗址。现有367栋保存完好的明清建筑、气势恢宏的祠堂、饱经风霜的书院、幽静的古街、别具一格的教堂、古老的牌坊以及古戏台、古水井、古码头、古民居等。而且在民居内还有许多精美的石雕、木雕、砖雕、照壁及藻井，蕴含了丰富的庐陵文化，具有很高的历史和文化价值。

渼陂古村的旅游开发已有10余年的历史。然而，目前其旅游业发展情况并不理想，客流主要依靠春节、元宵节、二月二旅游文化节等节日活动带动。村内商业经营规模小，经营状况差，多为杂货铺、小饭馆等。基础设施方面，渼陂古村道路不平整，雨天容易形成大大小小的泥坑，景区内水塘泛油光，虽然清洁卫生差强人意，但古村的美感仍十分欠缺。渼陂村的旅游开发给村民生活带来的积极影响非常有限。门票收入分红比例小、数额少，每年每个梁姓村民只有约20元的分红，外姓村民和嫁给外姓的女儿则根本没有分红。创造就业岗位很少，只提供了四五个保安岗位、一两个导游岗位、六七个清洁工岗位。同时，村委会规定不能养猪，不能大规模养鸡鸭，尽管有些村民偷偷地在养鸡鸭，但村民的畜牧业营收依然受到巨大影响。

我们认为，渼陂古村的旅游开发情况不佳与以下多方面的原因是分不开的。

第一，渼陂古村的旅游配套设施不足。应当承认，美丽乡村建设使得古村的道路、桥梁、排污设施、公共厕所等基础设施和公共服务设施得到一定程度的改善，为旅游业的发展奠定了良好的基础，但同时，现有旅游产业规模和能级并不能有效满足人民群众的消费升级需求。古村的旅游业要得到进一步发展，还需要进一步加大基础设施以及公共服务设施的投入。古村在餐饮、住宿、商铺等游客服务设施和污水管道等基础设施建设方面投入不足，接待能力有限，品质不高。应加强旅游配套设施建设，对景点比较集中的区域，集中布局旅游服务设施，系统配置旅游公共服务产品。我们认为可以结合本市农村土地整治等工作，加大对乡村游产业基础设施用地需求支持,适当增加农村集体建设用地指标,弥补乡村旅游餐饮休闲、道路交通等公共服务配套不足,为乡村旅游品质提升创造必要的空间。

第二,溇陂古村的景点与配套设施设置与当前最为高涨的亲子游需求难以契合。亲子游是指父母或亲属与孩子共同参与的旅游,已成为近年来最为流行的出游选择之一,也是越来越多中国家庭所推崇的休闲和教育方式。2016年,在线亲子游的市场规模估计达到207.9亿元,预计到2018年年末我国亲子用户将达到2.86个亿,市场规模达到500亿元。"自然、随性、淳朴、简约"是乡村亲子游最大的优势。"寻找本原"也是很多从农村走入城市的父母们一种深埋内心的情结,带上自己的孩子,走入曾经的记忆,寻找熟悉的童年。据调查,2—6岁孩子父母的需求倾向于孩子对自然的认知和乡村农事体验,7—12岁孩子更多的是动手能力和素质教育培养。乡村旅游中的创意活动、农事体验、主题游览、科普展览、农趣DIY、自然课堂等项目及亲子民宿最受大家欢迎。亲子拓展休闲基地是乡村亲子游的重要形式。研发适合中国国情及基于农业开展的儿童自然教育课程体系、打造青少年亲自然营地、建设户外亲子拓展基地,是发展乡村亲子游的重点。如古北水镇为儿童设计了做风筝、看皮影戏、印染DIY、水舞秀等活动,并专门建造了占地约3700平方米的童玩馆供孩子们游乐。而溇陂古村则少有能够契合亲子游需求的景点,游客更多的是以参观为主,参与度不高。

第三,溇陂古村的地理区位因素决定其旅游业市场规模较小。市场规模取决于人口数量、人们的需求、年龄分布、地区的贫富度等因素。我们将渼陂古村与坐落在京郊的古北水镇进行了对比：渼陂古村位于江西省吉安市，周边缺少人口多、有区域影响力的大城市，而吉安市人口不到500万，且全年全市农村居民人均可支配收入12543元，城镇居民人均可支配收入31936元；北京市人口超过2100万，城镇居民人均可支配收入62406元，农村居民人均可支配收入24240元，人均可支配收入为57230元。因此，北京的古北水镇则可以辐射北京上千万人口节假日与周末出游需求的巨大市场，而渼陂古村则不具有这样优厚的先天条件。同时，资源的稀缺性也是一个影响因素。在相对干旱少雨的北方地区，水镇是一种较为稀缺的旅游资源。而在南方地区，浙江的乌镇、西塘，江苏的周庄、同里，江西的婺源都是全国闻名的古镇，加之渼陂古村知名度较低，因此渼陂古村对游客的吸引力较弱（见表7-1）。

表7-1　　　　　　　　渼陂古村与古北水镇情况对比表

	渼陂古村	古北水镇
地理位置	江西吉安	北京郊区
市区人口	不到500万人	2100万人以上
农村居民人均可支配收入	12543元	24240元
城镇居民人均可支配收入	31936元	62406元
稀缺性	相对较多	相对稀少
知名度	较低	较高

在渼陂古村旅游业疲软的情况下，虽然外地就业有向外地吸引人的拉力，村民不管在本地就业或是在外地就业，真正能有跨越式发展的渠道也唯有打工这一个。很多村民依旧沿着传统的思路，想要依靠

着土地保证养老安稳,因此农业的规模生产、农村的统一治理就非常困难。而且,在没有明显优势的情况下,即便进行土地流转,农民的收益也是难以保证的,从而想要建立稳定的新社会关系也需要付出很大的代价。同时,在文化和社会资本缺乏的情况下,村民收入会比较低,再加上本就不景气、还是碎片化的农业经营,村民家庭将很难真正摆脱贫穷的代际传递,形成恶性循环。所以外迁的不论,留在渼陂村只是成为低收入的代名词,且有逆向选择的所谓"逆演化"趋势。要实现实质改变,渼陂还需要等待很长时间。

(二)富渼农庄

相比渼陂古村,渼陂村里的富渼农庄的开发是较为成功的。富渼农庄采用了农业、旅游业结合共同发展的模式,依托古村资源优势,围绕"农业观光、乡村旅游、产业升级、群众致富"四位一体的发展思路,一期投资1000万元,建设了600平方米木屋平台、2个草原风情蒙古包及1500平方米的娱乐餐饮平台,修建观光栈道900余米、观光亭6座,实现了渼陂景区与富渼生态园之间红古绿景观互动连接,发展成集农耕文化体验、农家乐、旅游集市、房车露营、烧烤垂钓、观光骑行、生态采摘、拓展培训等于一体的乡村旅游观光景点。

农庄的规划与发展主要体现在三个方面。

一是在产业升级上下功夫,打造了吉安首条樱花长廊、首家房车露营基地、富渼荷花基地、富渼生态园等新型业态,以丰富的活动内容,健康环保返璞归真的旅游理念吸引游客;延展荷系列产品深加工，以"渼陂"品牌，开发了渼陂香酥莲、渼陂莲子心、渼陂荷叶茶系列健康食品，研制了富渼金牌牛脚、灯芯糕等特色美食。将富渼农庄建设成为了青原区研学基地，开展生态环境科普教育、农耕文化体验活动、亲子手工制作及创造、户外运动拓展训练等丰富多彩的活动，高度契合了城市居民对亲子活动、亲近自然活动的需求。2017年的富渼荷花节迎来超万名游客，搜狐旅游、中华网等媒体均进行了宣传报道。以荷为媒，搭建农业、文化、旅游三位一体相融共盛的平台，对于进一步搞活渼陂旅游市场，推动三产融合、加快渼陂旅游集聚区建设具有十分重要的探索意义。

二是在整合资源上铸品牌，牵头成立青原区商旅种养专业合作社联合社，联合社由多家专业合作社组成，主要统筹全区旅游商品及土特产品进行区域品牌整合，提升合作社的组织化、产业化、规模化水平，为青原旅游商品营销搭建广阔的新平台。

三是在共同致富上倾心力，深入开展旅游扶贫。2017年，吸纳贫困户71户185人入股，利用贫困户土地作为抵押，以他们的5万元贷款额度作为启动资金的一部分。发放股金4万多元，每户贫困户都能获得500—750元不等的分红。同时发展了一个扶贫车间，解决了贫困户23人的就业问题，聘请贫困户100余人次来农庄务工。从业者人均月收入2400—3600元。富之渼果蔬种植专业合作社以实现精准脱困为目标，采取"公司+合作社+贫困户"的产业扶贫模式，对有技术的贫困户采取"你种地，我补田租"的方式进行帮扶。如贫困户梁昌玖有种植西瓜的技术，在富之渼果蔬种植专业合作社以每亩补贴240元租金的帮助下租田30亩种植西瓜，并帮助宣传推广，带动游客前来采摘。一年下来，家庭收入7万多元，成功实现脱贫致富。此外，合作社种植白莲500亩，以观光旅游、以农耕体验为主，吸引周边各地游客前来观光体验。随着客流量增多，附近的村民会来合作社销售一些土特产，带动村民经济收入提升。

同时，我们也注意到，富溪农庄对本地就业的拉动仍较为有限，而且有着结构性的冲突，所为本地人创造的就业岗位多为非技术岗位。农庄创始人告诉我们，农庄中导游、领班等服务人员均是他之前在外地创办旅游公司的员工，种植荷花的相关技术人员亦是从外地聘请的。他坦言，相比之前有过合作、有旅游管理或服务经验技能、能够出色地完成任务的前员工，本地村民没有任何优势，现代农业旅游业所需的农业新技术也是村民所不具备的。例如即便是基本的一个荷花池，在种植、防病防虫及其他维护上，就需要技术人员下不少工夫。

农庄创始人还谈到，目前，他们下一步计划同时承包渼陂古村的开发经营，营建商业街、生态基地、房车基地，将这些分散的项目建设成为渼陂旅游集聚区这样一个有机整体。渼陂旅游集聚区将打造包含1个核心项目（渼陂古村）、5个重点项目（十祠十馆十坊十居等）、17个支撑项目的分层次的项目体系，努力将集聚区建设成为全国文化旅游新样板、江西省旅游新名片、吉安市旅游产业新引擎、庐陵文化体验新极核。

我们认为，富渼旅游集聚区如果能够稳定、良好地发展，形成农业规模化生产，降低成本、提高效益，就能在保证村民土地流转收益的同时，减弱农民对土地的依赖。使更多的村民有信心、有能力参与到旅游业等非农行业上来，也将会促进渼陂村村民迁到有更多商业机会的街道或青原城区聚居，即产生旅游业的"挤出效应"①。同时在旅游业潜力挖掘充分、经营有效的前提下，旅游业也将很有希望为农民提供稳定的收入来源，乃至进一步为他们提供退休工资等生活保障，不仅使村民真正过渡为青原区居民的身份，解决农民养老问题，也将从整体上改变渼陂村的落后面貌。由于征地拆迁的困难，也由于居民户口的统一，渼陂村民与旅游景区共存的局面必将长期保持下去，非农就业将村民向外拉的力量也将长期存在。我们认为，在平均收入提高的将来，渼陂村多数家庭的就业结构可能仍然是青壮年在外地工作，家庭其他成员在本地工作，但不同的是，更多的家庭已经完全或半完全迁到经济、教育条件更好的地区，不算是渼陂村的了。而且留在村里的家庭，其本地就业的人除了农业外，还将有旅游业经营的工作。

◇◇ 小结

超长期地看，随着国家整体的经济、交通、教育水平的提升，再加上本地垄断利润的增加，非农就业的外拉力将会到达一个终点。届时，一个农旅结合的渼陂村必将达到它的稳态，而成为各大

---

① Kelly, P. F., "Everyday Urbanization: The Social Dynamics of Development in Manila's Extended Metropolitan Region", *International Journal of Urban and Regional Research*, Vol. 23, No. 2, 1999.

宗祠无数族人记得住的乡愁。

总之，就业情况是牵动渼陂村变化的锁钥，而非农就业未来必然会在多数村民家庭中扮演更加重要的角色。如果在将来，渼陂村有机会发挥出自身的独特优势，则必将为乡村的转型治理及精准扶贫提供宝贵的借鉴。

第 八 章

非农就业——有关村办企业[*]
——基于渼陂村 10 户个体工商业的深描

渼陂村位于吉安市东南部，赣江支流富水河（亦称"王江"）南岸，古为庐陵县纯化乡七十六都，现属吉安市青原区文陂乡管辖。几百年来，渼陂一直是吉安城南面的一个重要商贸集散中心。从地理角度上看，渼陂位于吉泰盆地，土壤肥沃，水源充沛，有得天独厚的经济发展地理优势。依靠农业发展的基础和富水河航运的优势，在明清时期，渼陂工商业迅速发展。其中渼陂梁氏家族自古来就很注重商业贸易，经商活动十分活跃，他们依靠富水河连接赣江的交通便利，不断拓展贸易市场，小者以工业起家，在村北陂头街设店开铺；大者雇请船队，行走粤赣，长途贩运。自此，渼陂梁氏家族的经济实力不断增强，有的甚至成为拥有雄厚资金的富商大贾。其中清咸丰时期梁显哲四兄弟，成为陂头商业巨头，被当地称之为"四大家族"。至今仍保存下来的陂头古街就是当时繁荣的商

---

[*] 本章作者为王子童、程丹旭、肖贝佳；其中肖贝佳同学为当地志愿者，全程参加了调查并参与报告撰写。

第八章 非农就业——有关村办企业

业活动的见证。

陂头古街位于渼陂村北部，大致东西走向，宽约3米，卵石铺就，为便于推车正中纵向铺有青石条，两侧为下水明沟。南北店铺临街而建，北侧店铺后门临河，便于货船停靠。街道北侧，更有巷道通往江边码头。据方籍记载，街市始创于宋末元初，沿村缘，顺富水，由东向西扩建，至清中、后期全盛时首尾长达900余米，街区除140多家店铺外，还有规模宏大的万寿宫、急公祠、福神庙等，甚为繁华。迨至清末民国，由于战乱动荡渐次衰败，但至今尚保存600余米，临街铺号百余处。

目前古街传统的商业功能逐渐淡化，不过从古至今积淀下来璀璨的商贸文化，成为当地旅游业发展的一大特色。在政府支持和引领下，古街成为当地著名的旅游景点。而现存的个体工商业，大多是顺应当地旅游开发而兴起的旅游配套产业，如食宿、商贩，而渼陂村现在绝大多数个体工商业集中在文陂镇政府规划修建的"渼陂农民一条街"上。

为了解渼陂个体工商业变迁及目前农民创业情况，我们在古街走访了两家个体经营的餐饮业，其中一家为四大家族梁显豪的后代。我们在此了解到古街的兴衰史，这为我们的调查提供了丰富的历史脉络。而在"渼陂农民一条街"上的调查，我们走访了当地的杂货铺、超市、电动车店、油漆店、快递点、皮革厂，了解了目前渼陂个体工商业经营情况。最后，我们有幸拜访了当地扶贫旅游产业——富渼农庄的负责人，他的人生经历和创业经验为我们最后提出促进当地工商业经营者脱贫致富政策建议提供了很大的启发。我们调查均采用入户访谈的方式，对每个工商业经营者进行1—2小时的深入访谈，然后据此整理相关资料并进行编号。这种调查方式有利于我们掌握个体工商业变迁的深入资料。相对于量化的、脱离时空的碎片化资料或者对个别案例的描述，这种调查方式提供了一个具体地域的完整资料，有利于我们准确地描述解释个体工商业的历史演变、工商业经营者的动机和现状。所有的被调查者在调查过程中都与我们耐心交流、积极配合，我们在此对当地的村民和村干部表示衷心的感谢。

本章接下来按照当地非农企业的类型分为零售业、农村加工业、交通运输业和农业第三产业分别展开论述，并在最后对农村个体工商业经营者情况进行概览和总结，提出我们对于农村脱贫致富的政策建议。

◇◇ 零售业

清代渼陂即为重要的商贾贸易集散地，有近百家店铺，成为当时的贸易集散中心，并且商铺势力不断扩张至全国各地。四大家族时期利用水运便利，本地货物粮食土产外出，外地洋纱布匹南北杂货内进，长途贩运，几十只船行走于湘鄂浙沪。资金雄厚，货物储备多，货源广，品类全，守信用，经营方式灵活，服务周到，在客户中，四大商号声誉高，吸引了四面八方客商，使陂头街成为商品批发市场，庐陵一大货物集散基地，大大地激活了渼陂乃至七十六都的商品经济的发展。其中庐陵县志（1941年版）也对商人守信的情况进行记载。"商人性质朴、勤劳。'信用'二字驰名中外历数阛阓间，尚少以倒骗闻者。纵遇有营业失败亏累债务时，亦必经凭街中或诉请商会公开盘算货物账款，轻则告账、重则破产俾资结束。"

但是步入近代以来，外国资本主义的入侵，加上战乱频发、军阀割据，使得当地传统工商业受到较大打击，根据庐陵县志（民国三十年版）记载，"本事商人生活以银行业为最优、次为缎绸业、布业、盐业、南货业、药业等。其他手工业以及小本营业生活皆属辛苦，盖薪资既薄，饮食复简，而劳作更重也"。中华人民共和国成立后土地改革，再加上计划经济时期，商品贸易受到严格管控等一系列历史事件，当地工商业发展受到程度不等的打击。1953年11月23日，吉安市实行粮食统购统销，居民口粮实行定量供应，取消粮食自由市场。1954年4月，吉安开始对手工业进行社会主义改造，缝衣业率先成立生产合作社。1955年9月开始粮食三定（定产、定购、定销）和城镇人口粮食定量工作。土地收归集体，余粮归为公有，没有私人粮用于交易，商业逐渐没落。改革开放以来，零售业的经营形式日趋多样，渼陂当地既存在传统的集市摊贩，也伴随着科技的发展和人们需求的变化，涌现出超市、网购等新的形式，我们针对不同零售业的形式分别进行了调查。

一 集市

从古至今，作为个体工商业变迁的重要载体，集市贸易为满足当地村民生产生活的需要一直存在着。虽然如今集市贸易受到商业街和超级市场的冲击,但由于当地村民的传统习惯,集市仍然是当地人民进行买卖的重要场所。

据了解,当地集市逢单开张,清晨出来叫卖,过了午饭之时就陆陆续续收摊。在产品种类上,从瓜果蔬菜到鱼肉卤煮,从各色小吃到衣帽鞋袜,一应俱全。在交易形式上,当地集市贸易仍保留了费孝通时代的影子——农民天生懂得如何进行价格歧视以使得利益最大化——货物都没有明码标价,所以讨价还价现象时有出现。我们通过实地调研,发现当地商贩报价往往大体与超市持平,有可能由于地理位置等因素部分商品还比超市略贵一些。此外,在交易过程中,产品挑选多由卖家完成,称重完成后买家再顺手添一把菜的现象也不时发生。并且从当地人口中得知,缺斤少两的情况仍较为普遍。①

二 贸易市场

1996年4月1日,京九铁路实现全线分流,上午9时30分,第一辆分流列车抵达吉安,获得当地干部群众的热烈欢迎。2001年,青原区有公路9条,总长506.19千米。2010年,过境公路有105国道1条,长30千米;省道2条,长85千米;县道8条;简易公路127条,每百平方千米有公路60.1千米,总长1540.3千米;村

---

① 集市贸易中,最初称重的工具是杆秤,非常容易作弊,随着技术的进步逐渐演化为更加精准的台秤,但少秤仍然存在可行性。

道 216 条，长 691.5 千米。公路桥梁 80 座，总长 3201.9 米。2015 年，新建公路 29.1 千米，新修区滨江平安路、江晖路，竣工青原区 105 国道改道工程 A1、A2、A3、A4 标段，值夏镇马埠桥至下陂下公路工程改建完工，辖区通车里程达 1158 千米。如此便利的陆路交通，促进了南北货物的流通，为经济腾飞提供了基础条件，吸引了外来企业的投资。2001—2010 年，吉安引进内资 66.7 亿元，外资 1.29 亿美元。

1996 年，吉安火车站广场暨商城与吉安贸易广场相继开始筹建，总投资上亿元。

青原区商贸服务业主要集中在各乡镇圩镇，主要经营南北杂货、农资日用品、小型家用电器，城区市场主要集中在吉安贸易广场。如今的吉安贸易广场以批发为主，兼营零售业，已经成为赣中最大贸易批发零售市场，主要经营副食品、粮油、家电、农资、百货、布匹、鞋帽、服装、建材、五金、干鲜货等商品，全国各地品牌商品总经销 300 多种，年成交额 50 亿元，税收以 20% 的速度逐年递增。物流配送业由建区之初少量几家发展至 2010 年近 50 家，配送线路触及全市各县（市、区）及全国各地。形成一个以大型综合批发市场为龙头，批发市场为骨干，集贸市场为基础的市场体系。

2018 年上半年，全区实现社会消费品零售总额 135011.2 万元，同比增长 12%。按销售单位所在地分，城镇市场实现消费品零售额 119619.9 万元，同比增长 12.1%；乡村市场实现零售额 15391.3 万元，同比增长 11.2%。

乡镇中也先后投资兴建马埠商业市场、值夏商业步行街、新农贸市场和芗城小区商业广场等项目，其中值夏商业步行街集购物、娱乐、休闲为一体，是吉安市第一条高标准乡镇步行街，总建筑面积2万平方米，店铺138家，120余户个体工商户。

三 小商铺

铁路促进了当地货物的贸易流通，也带走了一批批充满希望的青年们。随着社会的巨大变革与日益便利的交通，打工浪潮兴起，吉安的年轻人们仓促结束了学业，搭乘着一辆辆呜呜轰鸣的火车前往东莞深圳一带开始了打工生涯。这些打工者在外漂泊的日子里，干的大都是一些没有什么技术含量的苦力活，拿着低工资也没有上升的空间，其中艰辛自不必说。这使得他们越发意识到教育的重要性，希望自己的孩子能过上更加安稳舒适的生活，所以在孩子该上学的时候如果条件允许，父母一般都会选择返乡亲自照顾孩子。

而另外，在珠三角地区，对民工具有强烈的需求的是以加工出口导向为主的劳动密集型企业，这些企业逐渐在向高速发展崛起的长三角地区转移。此外，深圳的劳动力工作环境相对恶化。尽管在每个劳动力集中地区不可避免地存在劳资纠纷，但其他地区待遇的提高及劳动力市场供给的不平衡使得深圳的这种问题变得比以前更尖锐了，民工们越来越在工资、安全和福利等方面对企业提高了要求。另外，长三角地区出台了一系列旨在提高农民收入，保障农民工权益的政策，尤其是工伤保险、最低工资保障、医疗保险等有力措施，导致了部分劳动力向长三角地区转移，部分劳动力回归乡土。

其次，从 2004 年开始，在我国经历了多年的通货紧缩之后，物价水平有所提高，尤其是居民消费价格也有所上涨，CPI 指数曾一度超过 5%，居民的生活费用比以前有一定的提高，农民工在城市生活的成本进一步加大，深圳的最低工资标准为 610 元/月，多年来提高的幅度很小，且比起长三角地区甚至内地一些城市都要低。不仅因为市场调节需要一个过程，不可能在短时间内实现均衡，更是与深圳许多企业以出口加工的劳动密集型为主有关。这些企业获取的仅仅是非常低的加工利润，在劳动力成本增加的情况，利润空间会受到极大的压缩。一些企业宁愿不开工也不愿提高工资。再加上近年国家出台了一系列扶持"三农"的政策，全国范围内都加强了对农业的扶持，2005 年青原全区取消了农业税，农民的政策性收益有所增加。粮食价格的大幅度上涨和粮食产量的增加，也使农民出售农产品的收入有了较大幅度的提高。在工资水平没有相应提高的情况下，务农收入增加和物价水平的上涨导致了外出打工的机会成本的增加，减少了农民外出打工的积极性。

这也是如今大多数留守渼陂村中年非农就业者所经历的一次重大的历史事件，他们大都在 10 年前深圳面临严重的"民工荒"之时结束了自己的打工生涯，用打工攒下的积蓄回归故土另谋生路。其中略有积蓄却没有技术，还需要时间平衡家庭事务者就选择了开商店，而当时古街居民恰好向外迁出，在临街之处另筑新房，免去了房屋租金也为商店的开办提供了客观基础。这种零售方式基本上与传统坐商无异。但与历史不同的是进货不再需要长途跋涉，而是由供货商运送至店门口，并且定期回收临近保质期的产品，减小商铺风险与负担。桶装油、袋装粮食等新包装食品的出现扩大了商铺的售货范围，一定程度上冲击了粮行与油行。但是随着社会的进步，商铺自身也开始面临超市和电商的双重冲击。

四　超市

2009年第一家超市在渼陂村开业，这种从前只能在网络或电视上看到的营业形式终于落户渼陂。随着人们收入的提升，对于生活品质的要求也随之提升，集市货物品质良莠不齐，小商铺货物品种略显单一，所以品类齐全明码标价童叟无欺的超市正是顺应了发展趋势。超市创始人讲，超市最重要的就是薄利多销，开业前期，他发放大批宣传单至附近的村落，用物美价廉的产品打下了知名度，并且配备了大巴车去接送附近村落来超市买东西的村民。除了两个月的农忙时节外，乡下的生活节奏缓慢，品类齐全的货物加上不定期推出的特价产品足以吸引附近的村民来此采购，便利的交通也为长途采购提供了可行性。

超市的成功源于一个难得的契机，当时为提倡环保国家禁止了散养牲畜，定点屠宰应运而生，新的屠宰处垄断了猪肉，猪肉价格水涨船高。而渼陂村是方圆百里唯一没有实行定点屠宰的村落，通过直接从养猪户手中收购猪肉，超市成功压低了猪肉的价格，吸引了附近村落的人成群结伴来此购买猪肉。如今超市的年营业额已至千万元级别。

而百姓也在指导中学习接受了如何存放包裹、称量蔬果、排队结账，尽管比起集市和小商铺，超市的购物方式略显复杂，但当超市能够迎合人们日渐增长的需要之时，人们的购物方式自然会随之变化。而集市上讨价还价也并非因为价格难以接受，而是因为信息不对称导致的一种购物习惯，因为在没有明码标价的情况下，每个人都预估商家会高报价格，所以有商榷的余地。

五　网购

2008年前后淘宝崛起于中国，迅速以其商品的品种丰富价格低廉吸引了广大消费者，网购进入了万千百户的家中。尤其在乡下，由于常住人口较少，服装饰品等消费市场狭小，加上审美异化众口难调，拥有更多选择空间的网购迅速抢走了当地服装店的生意。在我们的调查中，无论是小商铺还是大超市都坦言受到电商影响，服装店更是被挤兑至关门。尽管中老年人往往直言不愿意去学习网购，对其质量表示怀疑，但是文陂镇的快递由三年前的每天十几个已经发展到如今的上百个，虽然规模仍比较小，但发展趋势非常乐观，渗入到当地居民的衣食住行甚至是微小的发夹首饰中。

乡村逐步走向开放包容，新兴的旅游业推动了餐饮等行业的发展。这些古老的村落送走了一批批二十出头的年轻人，又迎回了一批批见过世面的中年人，经历过繁华城市的洗礼，他们对于生活品质有了更高的要求，拉动了当地的消费水平，促进了服务业的发展。他们的消费形式也受到城市中新科技的影响，潜移默化地演变出不同于传统的方式。

◇◇ 农村加工业

2001年，地区生产总值10.02亿元，其中第一产业增加值2.64亿元；第二产业增加值3.98亿元；第三产业增加值3.4亿元。2010年，地区生产总值46.63亿元，其中第一产业增加值5.78亿元；第二产业增加值27.98亿元；第三产业增加值12.88亿元。2015年，地区生产总值82.5亿元，其中第一产业增加值8.1亿元；第二产业增加值49.2亿元；第三产业增加值25.2亿元。[①] 仅2018年第一季度，全区地区生产总值就完成21.58亿元，剔除华能电厂完成地区生产总值18.41亿元，同比增长9.9%，比上年同期提高1.6个百分点，高出全市0.6个百分点。其中第一产业完成1.43亿元，同比增长3.9%；第二产业完成10.23亿元，同比增长8.5%；第三产业完成6.75亿元，同比增长13.3%。剔除华能后，三次产业结构比为7.8∶55.5∶36.7。

我们可以看到这10多年来青原地区生产加工业飞速发展逐渐成为地区经济龙头，在这样的大环境下乡村的生产加工业也逐渐衍生出自己的存活之道。2015年，仅值夏镇工业企业就有毛织厂、皮革加工厂、机砖厂等30余家，个体工商户800余户。工业总产值1.7亿元。全镇财政总收入1153万元。我们在调查中了解到，目前返

[①] 数据来源：《青原年鉴》。

乡农户创业的主要类型以第三产业为主，属于第二部门产业的企业并不多，其中我们走访了两家加工制造业企业的经营者，分别是豆腐加工厂的老板和皮革厂的老板。

豆腐历史悠久，是一种十分常见的食材。传统的豆腐生产方式实际上非常辛苦，在乡下往往以家庭为生产单位，鸡鸣前就要起床开始磨豆子做豆腐，赶在清晨出门去集市开张卖豆腐，日落回家还要清洗蒸笼准备明天的劳作。从事这一行当者无不被拴牢在这样一个循环中，从早到晚辛勤劳作。

另外，小作坊生产质量无法保障，低薄的利润使他们尽可能利用未销售出去的产品减少损失，比如说过量防腐剂、重新加工等手段。没有规模化的生产使其标准无从量化，而且由于规模小数量多违法成本低，所以监管成本高难以形成有效监督，食品安全受到威胁。

在这种情况下，由浙江开始首先禁止了小作坊生产，要求必须统一实行规模管理，成效显著。豆腐厂老板世代以做豆腐为生，他亲眼看到了解到这个行业的辛苦，当看到浙江实行新政后的显著成果，有一定资本实力的他希望形成合作社，创建自己的豆腐品牌，向北京的"白玉"豆腐学习。合作社形成了分工减轻每个人的工作强度，工人们不再需要从早到晚守在豆腐旁日夜操劳。建立品牌也在一定程度上保障了食品质量，工厂对豆腐的生产流程设定了一系列的定量要求，保证了食品安全与豆腐质量，满足了人们对食品日益严格的要求。

豆腐厂老板采取合作社的形式开办工厂，希望带领合作社的成员共同致富。他们生产的品牌化有保证的豆腐成功取代了小作坊成为超市的主要供货源，占领了从村庄到城市百货的各大超市货架，但在市场上他们仍然面临着重重危机与挑战。最大的困难就是江西并未有类似浙江的政策去管理小作坊，不甚严格的监管使得小作坊在安全与卫生方面可以压低成本，被查处之后也是生命力极其顽强"春风吹又生"。所以在超市以外更广泛的市场上，豆腐厂仍然面临比较大的竞争压力，这些农民企业家们还在一步步探索着未来的方向。

我国制造业多是利用大量低廉劳动力从发展劳动密集型产业起家的。改革开放后国家调整了重工业优先发展战略，支持发展以轻工业为主导的加工制造业，在轻工业制成品由卖方市场转变为买方市场后，又推动制造业向重加工制成品和高加工度制成品转化，经济转为出口导向型，这一时期全国制造业增加值以超过10个百分点的速度迅猛增长，对中国经济的发展起到了重要的作用。当时，传统农业部门存在着数以亿计的富余劳动力，对制造业来说社会劳动力供给是无限的，具备明显的低成本比较优势。这些企业吸引了附近城市的村民纷纷卷起铺盖投入打工热潮之中，据悉在20世纪初，一个深圳服装厂的熟练女工月工资就能达到上千元。

但是随着经济的发展，我国制造业面临结构转型，一方面国际金融危机之后，国际形势发生了根本变化，国际经济形势的复苏好转与我国的外需发生了偏离。另一方面，发达国家公共需求压缩和私人消费不振，对我国出口增长的拉动乏力，另外，一些发展中国家以比我国更低廉的成本发展劳动密集型产业，并向发达国家大量出口劳动密集型产品，在全球市场上对我国形成了供给替代。过去我国的发展路径是高储蓄—高投资—高产能—高出口—高外汇储备和高货币发行，现在遇到的问题是高储蓄—高投资—高产能—低速出口—产能过剩—企业困难，如此以往，我国将面临严重的制造业生产过剩危机。

无法在城市继续取得一席之地的加工制造业把目标转向了对工资要求更低，仍然可以继续发挥廉价劳动力优势的农村。那些在加工浪潮兴起之时外出打工的人回到了农村，带回了攒下来的资本也带回了新兴的技术和商业人脉。开设在渼陂村的皮革厂就是一个典型的例子，由珠三角回来的女工人在镇上租下了临街的铺子，挂上一个风吹日晒后有些失色的木制的牌匾，加工皮革的工具熙熙攘攘地堆砌在那里，再雇用十数个能够熟练使用缝纫机的女工人，一个小小的皮革厂就开办起来了。皮革厂女老板的生意都来自广州的商人，由商人提供原材料，经由皮革厂加工后再发回广州，每一件皮包只收取几块钱的加工费。这雇主的生意却并不稳定，2017年就给女工们至少放了两三个月的无薪长假。

乡村代加工的主要优势是廉价劳动力，但年轻人更愿意出门学习，拥有一技之长，试着去大城市闯出一方天地。回归故土的中年人也不愿接受低廉的工资，而是利用手中积蓄自己开店。随着人口流动，农村剩余劳动力减少，各加工厂之间竞争激烈，招工困难。由此衍生出了新的招工方式，比如附近的电子厂推出的计件工资，这种相比计时更加灵活的方式，对于在家照顾孩子的年轻女性更有吸引力。另外，随着分工的细化，对工人技术的要求越来越低，由此扩大招工范围来抵御绝对人口劳动力减少带来的严重威胁。

如今，各行各业都意识到分工对于提高效率的重要性，专业化成为生产的普遍趋势。豆腐厂的蒸蒸日上与代加工的日渐衰落，国家转型在这样一个小村落里体现得淋漓尽致，建立品牌，扩大生产规模成为企业未来发展的出路。

◇◇ 交通运输业

一　水运

渼陂地处吉泰盆地，土地肥沃，水资源丰富，有着得天独厚的经济发展地理优势，其水运运输的便利为其早期商业发展带来巨大推动作用。早在唐宋年间，吉安的造船业就有了一定的技术和规模，并且渼陂境内大部分的塘、堰、陂、渠等水利建设都在唐宋时期建成，这也为其清代时水运的兴起奠定了基础。正如前面所提到的，到清初时期，渼陂成为吉安城南重要的商贾贸易集散地，彼时渼陂梁氏族人纷纷经商，小者以手工业起家，在村北陂头街设店开铺；大者雇请船队，行走粤赣，长途贩运，过往商客往来频繁。与费时费力的马车运输相比，水运极大程度上节省了劳动力，人力成本较低，运载能力较强，故成了商贾们运货的首选。每逢墟日，富水河畔，十八渡口逶迤排开，往来繁忙的船只将本地货物粮食运出，将外地洋纱布匹引进，把财富与商品沿着青石板带到临街而开的商铺和高门大户之中。一直到中华人民共和国成立时，富水仍被用于运输农副产品、粮食、林木、农资等货物。

但到了1958年，青原区各乡人民公社成立，大炼钢铁运动进入高潮，村民们毁林开荒，对森林资源造成极大破坏，水土严重流失，加之富水河河道落差较大，多呈"S"形走势，在洪水冲刷下，河床一年比一年加宽加深，河岸崩塌严重。此外，人民公社化运动时期，国家把农民土地私有制变为集体所有制，大大挫伤了农民积极性，商业供需几乎不存在，水运运输货物量锐减，因此河道淤积，无人管理。20世纪80—90年代，公路运输业高速发展，水运运输优势微乎其微，遂日渐萎缩，直至被陆路运输取代。

二 摩托车行业

20世纪80—90年代，农民拥有一辆摩托车尚是一件奢侈的事情，但到了2000年，摩托车便渐渐在农村普及，这也便是摩托车销售维修行业兴起的时候。当地的一位摩托车店主告诉我们，他就是发现了摩托车普及的潜在商机，在1995年到新余渝州当学徒学习修理摩托车的技术，再自己把修理技术带回村里，于1998年自己在镇上开了家摩托车店。在20年前，网络学习还不够发达，这种以人为载体把技术带回村子的行为十分普遍。20世纪60—70年代出生于农村的人们在小时候由于经济原因很多无法完成学业，自身教育水平不高，大部分人选择离开村子外出打工挣钱或者当学徒获得手艺，再为了孩子的教育学习回到村子工作或者开店。

2000年前后，村里有人结婚，家里就一定会买一辆崭新的摩托车；孩子毕业打工也会要求家里给买一辆摩托车，骑摩托车在年轻人中一度成为时尚。我们了解到，当时镇上大概有四五家摩托车销售修理店，都集中在镇子集市附近，竞争较为激烈，店主主要靠价格战和自身人脉获得顾客，一辆摩托车大概能卖四五千元。虽然在开店前几年，摩托车销量都还不错，但是在2009年前后，购买摩托车的需求日益减少，部分摩托车销售修理店开始转型，转向销售修理电动车。我们所调查到的一户电动车销售修理店铺，便经历了这样一个过程。那么是什么导致摩托车的需求减少呢？

我们了解到，由于摩托车是机动车辆，需要上证之后才可上路，但是，很多农民为了省钱，没有上证或者进行年检，所以，一旦遇到检查，就会被认定为违规，除了要被扣车之外，还需要接受罚款。因此，随着执法力度加强，农民不敢再骑无证的摩托车了，买摩托车的人也随之减少了。

另外，人们感受到摩托车的不安全，有经济条件的农民出于安全考虑便会选择购买汽车，并且其载人数量也更多。不过我们发现汽车普及率在渼陂不算太高，反而是电动车接受程度更高，因为没有经济条件的农民往往会选择行驶速度较低，从而安全系数更高、更加老幼皆宜的电动车。此外，购买电动车也算是对节省能耗的考虑，摩托车汽油价格较高，修理起来更为复杂，电动车一般只需要充电、换电瓶，后期维护费更低也更加环保。

数据显示，我国摩托车内销已经连续7年（2009—2016年）处于下滑趋势，下滑比例大概每年10%。2009年，内销最高达到1900万辆，2016年内销不到1000万辆，降幅接近50%。中国摩托车行业的转型升级不是一蹴而就的事情，它与政府的政策措施、消费者的消费理念有着密不可分的联系，未来摩托车行业的发展前景可能会由燃油摩托车向新能源摩托车转变。

三 电动车行业

2009年以来，镇上的这四五家摩托车店都转向兼卖电动车。电动车有品牌电动车和杂牌电动车之分，其中品牌电动车往往是整车销售，有配套电池，保修、售后服务较好。我们采访到的那家店主便是挑选了一个品质较好的电动车品牌，自己去与电动车品牌商谈合作，获得代理权，定期从吉安进货，一年大概要进价值30万元的电动车，一辆电动车卖两三千元。杂牌电动车价格一般较为便宜，但是杂牌电动车是把各配件进货组装，安全性能不如品牌电动车好，且购买电动车者都是附近居民，电动车质量会影响店铺口碑，故很少有商家选择销售杂牌电动车。总体而言，电动车价格低于摩托车，而且由于其老少皆宜，安全系数更高，消费群体更为广泛，因此电动车行业称得上是薄利多销的行业。

目前，一方面由于村民活动范围不够大，电动车足够实现出行目的；另一方面大多村民的收入不足以购买汽车作为交通工具，汽车在溪陂村的普及度远不及电动车。但在2018年，我国将实施最新的电动车管理办法，不合规的电动车将禁止上路，如果违规上路将属违法行为。也就是说，政府对电动车销售商的监管会更加严格，超过合理年限的电动车将被强制报废，这些对电动车销售维修商而言会是个不小的挑战。未来随着经济的发展，农民收入增多，汽车甚至电动汽车的销售维修店在农村可能会更为普遍。

◇◇ 农业第三产业

明代时期，伴随着农业的恢复与发展、商品经济的繁荣，资本主义萌芽出现。江西得天独厚的经济地理条件，再加上商业巨额利润的吸引，当地"弃耕经商"现象越来越普遍，江右帮也逐渐兴盛起来，与山西帮、徽帮并称为全国三大商帮。

而渼陂地处富水河中下游，陂头是庐吉泰三地交会点，又是兴国、东固一带通往吉安府的要道，过往商客都会在陂头驻足，渼陂早已发展成为方圆数十里集市贸易之处，陂头古街店铺不断增加，街市也不断地扩展。

街市的拓展，四方商贾纷至沓来，给古村注入新的经商理念，渼陂族人逐渐地从农田中摆脱出来，由耕读的生活转向为耕商、商儒生活，梁氏族人的精神面貌发生了较大的变化，设店开铺，长途贩运。其中农粮购销成为渼陂人经商的主要内容。

目前古街靠河边的店铺只有残址，南面的只有几个店铺，其中"鸿盛和商号粮食漕房"还保留完整。清末民国时期，渼陂街的店铺名称可考者有百余家，其中粮食漕运类店铺最多，包括仁祥米谷庄、大道粮食漕房、萧玉和粮食漕房、大和粮食漕房、伟顺粮食漕房、同亿粮食漕房等。

步入近代以来，政治动荡、战火交替，当地农粮贩运受到了较大的冲击。在土地革命时期，吉安地区作为苏区的总部，共产党在当地开展了轰轰烈烈的土地革命，当地许多富豪乡绅受到了冲击，旧时通过农粮贩运发家的渼陂商人后来买田置地成为了地主，也因此在土改中势力进一步衰微。而在抗战时期和解放战争时期，当地农粮贩卖行业因战火纷飞濒临绝境。中华人民共和国成立初期，中国共产党进行土地改革、三大改造，加快社会主义建设。据青原区大事件记载，吉安县（青原区前身）1950年12月1日开始实行土地改革，1953年3月结束；1953年11月23日，实行粮食统购统销，居民口粮实行定量供应，取消粮食自由市场；1955年9月，开始粮食三定（定产、定购、定销）和城镇人口粮食定量工作；1956年3月基本实现农业合作化。自此，自明代以来的粮食贩运行业不复存在。

改革开放以来，社会主义市场经济在当地逐步建立。粮价开放促进了农民生产积极性，粮食产量显著增长。不过由于航运业的衰落再加上近年来经济结构的调整变化，渼陂当地粮食贩运行业未能重新发展起来。近年来，当地政府高度重视当地农业与加工业、第三产业融合发展，在政策、物质、资金方面都给予了大力支持。其中山宝菌业和富渼农庄是渼陂传统产业融合的典范。

2003年，江西山宝菌业有限责任公司成立，运用专利技术"纯草立体无污染栽培食用菌高产新技术"，形成集食、药用菌生产、销售、技术研究、人才培训于一体的科技型农业企业。其中，生产的农产品注册商标为"山宝菌业"，纯草仙贝菇获江西省优质产品奖，山宝菌业纯草菇基地被吉安市委组织部列为产业对接链接示范基地，公司董事长梁仁俊荣获2004年全国农村青年创业致富带头人、2005年全国劳动模范等一系列荣誉称号，多家新闻媒体及栏目也先后对山宝菌业进行了报道。

江西富溪旅游服务发展有限公司成立于2015年，通过土地流转，依托渼陂古村资源优势，围绕"农业观光、乡村旅游、产业升级、群众致富""四位一体"发展思路，发展成集农耕文化体验、农家乐、旅游集市、房车露营、烧烤垂钓、观光骑行、生态采摘、拓展培训、亲子乐园等于一体的乡村旅游观光景点。2016年荣获CCTV"中国生态旅游景区十佳餐厅""全域旅游景区景点建设先进单位"称号，2017年更是获得"CCTV推荐优秀农庄""江西省3A乡村旅游点"等称号。富溪农庄与当地特色旅游资源相结合，发展观光农业、农业旅游项目，促进当地农民脱贫致富，成为当地发展的典范。

我们调研期间也有幸参观了富溪农庄，访问富溪农庄的负责人，他的人生经历和创业经验为我们最后提出促进返乡农民工脱贫致富政策建议提供了很大的启发。

◇◇ 农村个体工商业经营者

一 早期个体工商业经营者——四大家族

渼陂地处吉泰盆地，土地肥沃，水资源丰富，有得天独厚的经济发展地理优势。几百年历史文化积淀，聪明、勤劳的渼陂人以善经营多巨贾而闻名，在方圆百里内，无可比者。经济的长久繁荣，促使了渼陂梁氏家族不断壮大发展。

进入清中期后，渼陂的商业贸易进入鼎盛时期，一大批富商巨贾涌现。不仅拓宽了陂头街市，他们还把眼光放在府城、省城、大都市，近在吉安、赣州、南昌，远在武汉、苏州、广州，都设有渼陂梁氏的商号，在全国各地开设了数以百计的分店。

清咸丰时期，梁道伸的四个儿子显哲、显召、显豪、显吟由儒而商，成为陂头商贸巨头，渼陂人习惯称之为四大家族。

所谓四大家族，是因为四兄弟各有自己的商号，各子孙皆能承父祖业，并有发展，各有经营特色，各在村中出资捐款做公益事。显哲的商号是"三义"，显召的商号是"达亿"，显豪的商号是"伟顺"，显吟的商号是"志承"。四家在吉安、南昌有店铺，还有分布在江浙粤鄂沪湘等省外的店铺，是清后期商界江右帮中一支不小的力量，四大家族的商业影响，闻名省内外。

四大家族充分利用富水赣水的方便，组织船队，本地货出，外地货进，长途贩运，行走于湘鄂浙沪，经年不断，获取大利。每次航运，几十只船满载粮食土产运往省外，再带回洋纱布匹、南北杂货。特别是每年九十月份，四大家族将渼陂方圆几十里之内的粮食收购完，甚至渼陂村所有会社收租的谷子、义仓的储粮，或借或买，千方百计要装上几十船才结队出江。销售后的资金，全部用于收买洋纱棉花，布匹杂货。等到年前，船队才返回吉安。船到陂头后，从栋头街四类店到街尾下木桥，富水南岸停靠的都是四大商号的货船，黑压压的一大片。旧时代，渼陂有依靠船维持生计的，以船为家，《渼陂类联》中的"舟居"类便反映了这一历史。渼陂的船都是货运商船。商船一靠岸，河边码头开始繁忙起来，卸货力夫川流如梭，卸一包洋纱可得十个铜板，一袋杂货可得八个铜板，等钱过年的苦力夫们，没日没夜抢着干，一直忙到年三十。大年初一停卸一天，年初二又开始卸货，要到上元宵过后才能卸完。

第二年，一般市面上货源空缺，而四大商号货物储备丰实，应有尽有，所以吉安、赣州等地的商客纷纷云集陂头进货。这时货价自然要提升抬高。由于四大商号资金雄厚，长年长途贩运，分店辐射地域又广，送出去的是粮食土产，换进来的不仅是洋纱洋布，还有苏洋广货，南北海鲜。货源广，品类全，守信用，经营方式灵活，服务周到，在客户中，四大商号声誉高，吸引了四面八方客商，使陂头街成为商品批发市场，庐陵一大货物集散基地，大大地激活了渼陂乃至七十六都的商品经济的发展。

清晚期，在陂头街一百三四十个店铺中，四大家族占有一大半。除药材是樟树老板经营外，其他的商贸流通都控制在四大家族的手中。四大家族对外他们一致团结排外，对内他们又有各自的势力范围，再加上渼陂"市镇合一"的特点，渼陂梁氏家族就可以积累大量的利润资金用于扩大商业贸易，也可以大兴土木建造公益建筑，如梁氏宗祠、万寿宫、义仓、养源书院、梁氏祖墓等均为梁氏宗族所建，敬德书院和又新书院又为达亿家族所建，而振翰学舍又为三义家族所建，其他还有各家族建造的牌坊、家祠和庙堂等。

中华人民共和国成立后，伴随着土地改革、三大改造，四大家族的势力进一步衰微，家道中落，叱咤溪陂街市的四大家族的历史就此终结。

二 新时期个体工商业经营者——返乡农民工

改革开放以来，亿万农村劳动力跨区域流动成为新时期的重要特征。在中国农村劳动力外出流动的过程中，一直伴随着大量的回流现象。近年来，由于城市发展过程中高昂的生活成本、户籍制度带来的公共服务不均等和全球金融危机引发的市场低迷等多重原因，返乡农民工的规模远超以往。目前，返乡农民工利用外出务工获得的资金或者技术创办企业、开展经营活动，成为当前中国劳动力转移的新现象。而江西作为劳动力输出大省，省政府已把农民工创业当作保增长、保民生、保稳定的一项重大任务来抓，出台了一系列税收、财政、金融等方面的优惠政策。其中江西省吉安市，截至2016年年底农村转移劳动力约108.33万人，其中返乡创业农民工人数达到41585人，占转移总人数的3.83%。而溪陂村所在的青原区，也通过搭建创业指导服务平台、实施就业精准培训、打造返乡创业基地、兴建创业孵化基地、实施创业精准培训、建立返乡创业项目库等措施，为返乡农民工创办企业、经营工商业提供支持。2017年，全区新增转移农村劳动力2998人，新增城镇就业2748人，工业园区定向培训2182人，创业培训836人。

我们在溪陂村深入调查的过程中，选取的样本是本村10户村民，这10户村民中目前有1户赋闲在家，其余9户均从事个体工商业活动。在接下来，我们先概述当地返乡农户工商业经营的基本情况，然后再针对影响当地创业决策、经营绩效的因素进行分析。

(一) 返乡农民工创业情况

针对返乡农民工创业情况，林斐在对安徽省百名"打工"农民回乡创办企业的情况进行问卷调查后发现，农民返乡创办的企业大多处于企业成长的前期阶段，这些企业在创业和发展过程中仍需要得到政府的大力支持。[1] 王西玉等通过对9省（市）13个县136个村返乡农民工的调查，认为农民工返乡创业以创办小型企业为主，同时又以创办个体私营企业占绝大多数，这些返乡农民工虽然从事非农产业，但是仍然没有离开农业。[2] 韩俊、崔传义对全国28个省份101个县的农民工进行了返乡创业方面的调查，该研究指出，农民工返乡创业以第一代农民工为主，大多数从事个体和私营经营，企业规模较小，半数选择在离家较近的小城镇创业。[3] 国务院发展研究中心《农民工回乡创业问题研究》课题组，对全国100多个劳务输出示范县农民工回乡创业的大规模问卷调查表明，回乡个体工商业经营者，大多从事非农产业，企业形式以个体和私营为主，创

---

[1] 林斐：《对安徽省百名"打工"农民回乡创办企业的问卷调查及分析》，《中国农村经济》2002年第3期。

[2] 王西玉、崔传义、赵阳：《打工与回乡：就业转变和农村发展——关于部分进城民工回乡创业的研究》，《管理世界》2003年第7期。

[3] 韩俊、崔传义：《农民工回乡创业热潮正在兴起》，《农村金融研究》2008年第5期。

业和居住地主要选择在农村或离农村较近的(集)镇。①

我们在渼陂的调查，基本支持上述论断。在渼陂古街，现存的个体工商业，大多是顺应当地旅游开发而兴起的旅游配套产业，如食宿、商贩，而渼陂村现在绝大多数个体工商业集中在文陂镇政府规划修建的"渼陂农民一条街"上。我们在古街走访了两家个体经营的餐饮业，而在"渼陂农民一条街"上的调查，我们走访了当地的小卖部、超市、电动车店、油漆店、快递点、皮革厂，并在最后参访了当地扶贫特色旅游产业富渼农庄，其基本情况如表8-1所示。

表8-1 渼陂村10户返乡企业家创业概况

行业	频数(户)	经营模式	频数(户)	企业年收入	频数(户)
第一产业	0	个体	2	5万元以下	4
第二产业	2	家庭	4	5万—10万	2
第三产业	7	雇佣	3	10万以上	3

从中我们可以了解到，当地返乡农户开办企业，大多为非农产业企业，说明由于第三产业所具有的入行门槛低、资金需求少、技术要求不高等特点，这使得第三产业成为返乡农民工创业的主要方向。此外，在我们调查中发现9户个体工商业经营者当中有3户存在着兼职的行为，有2户仍然保留着自家土地，从事着农业生产。

---

① 国务院发展研究中心《农民工回乡创业问题研究》课题组、韩俊、汪志宏等：《农民工回乡创业现状与走势：对安徽、江西、河南三省的调查》，《改革》2008年第11期。

从经营模式上来看，大部分企业以个体和家庭为主，规模较小。大多数个体工商业经营者更多使用家庭劳动力，很少从市场上雇用劳动力进行生产，或者说农村创业绝大部分是"夫妻店"，是典型的以家庭经营为基础的模式。从农民的角度，我们通过访谈了解到，以家庭经营为基础的劳动力利用有三个理由：一是农民劳动力的机会成本低，二是"委托—代理"问题，三是家庭劳动力可以保持兼业经营的灵活性。首先，农民认为农村创业本来赚不到多少钱，就没有多少利润，长期雇佣劳动力就让钱被别人赚了。一个做小生意的妇女说"生意不能请人去打理，必须依靠自己去做，否则，就不划算"。其次，使用家庭劳动力还涉及"委托——代理"问题。所有的经营一旦雇用工人，就会涉及如何管理雇员、提高其生产积极性的问题。当地超市老板在访谈中跟我们提到了雇用劳动力往往对生意不上心、缺乏责任感。最后，家庭经营的好处还在于可利用兼业经营的方式充分而灵活地利用劳动力。农村经济的基本特征是分散，技术创新性较差，同时这也为农民兼业经营提供了可能，少数人无法垄断市场机会。

从企业年收入角度来看，当地返乡个体工商业经营者存在较为明显的收入分层，其中大部分返乡个体工商业经营者收入在5万元以下，经营状况较差。我们在渼陂调查的过程中，也走访了目前渼陂两户较为成功的企业家，一位是超市兼豆腐厂老板，另一位是富渼农庄股东，他们的年收入均达到了30万元以上。我们在本章第二小节将具体探讨返乡农户企业经营绩效差异的原因。

此外，我们还了解了当地返乡农户创办企业时资金的来源。我们发现,相对于小农生产,创办企业一开始需要较大额的资金投入,从几万元到数十万元不等。调查发现返乡农民工的资金来源主要可分为两类:一是打工积累及家庭经济支持,二是社会网络支持,包括亲缘性网络和乡村市场网络。传统小农经济的剩余极其有限,创办企业的启动资金缺乏,而外出打工则为农民工返乡经营个体工商业提供了"第一桶金"。而在大规模外出务工背景下,多年的农民外出务工带回了超出家庭基本生存所需的资金,这是当前农村创业潮的重要背景。一个成功的返乡个体工商业经营者一般也是一个成功的进城务工者,经历了10多年务工,可以积累到数万元乃至数十万元资金。除了打工积累及家庭经济支持之外,乡村社会网络是农民工返乡经营个体工商业的第二大资金来源。对社会网络在创业过程中的功能,已经有社会学者进行过详尽的阐述,边燕杰分析了社会网络在创业过程存在三个功能,社会网络其中一个很重要的功能便是筹得创业资金。[①] 在接下来对农村个体工商业经营者获得创业资金的过程和方式的分析中,我们也将采用社会网络这一视角。在偏远的农村地区中,一方面缺乏完善发达的小额贷款的制度体系,另一方面当地农户对贷款行为和支付利息存在抵触情绪,社会网络对个体工商业经营者的支持是极为重要的。社会网络对于农户创业资金的支持有两种主要方式:一是依靠亲戚关系网络的短期借贷,二是乡村市场中的短期借贷。从亲戚朋友借款的优势是能随时筹款和借款,不需要正规烦琐的手续,降低了资金借贷的交易成

[①] 边燕杰、张磊:《网络脱生:创业过程的社会学分析》,《社会学研究》2006年第6期。

本，此外，更重要的是，亲戚朋友在借款时往往不会向借款人索要利息。在农村，最亲近的亲戚朋友往往承担着借款的义务，当然个体工商业经营者对他们一般而言也不会对他们没有任何回报，个体工商业经营者一般通过回赠礼物的方式表达感谢。我们所调查的全部企业基本或多或少都通过亲戚朋友这个渠道获取一定的资金来源，若资金不足以开办企业，则会再去考虑通过银行筹资的方式。

此外调查发现，乡村社会市场内部自发形成的有利于降低个体工商业经营者周转资金压力的机制，指的是上游（生产资料）供应商和直接经营者长期互动形成的"代垫"行为。它与亲戚朋友借贷一样属于通过社会机制降低个体工商业经营者获得资金的成本的农村非正式机制。如我们在调查中了解的小卖部、油漆店等，都存在这样的现象。

（二）返乡农民工创业决策、经营绩效的影响因素

对创业决策、经营绩效的调查，我们借鉴了程广帅在《返乡农民工创业决策影响因素研究》提出的"三位一体"的返乡农民工创业分析框架，既考虑了社会环境、个体和家庭禀赋等客观因素，也顾及了返乡农民工个体的经营动机等主观因素，建立了分析农民工创业决策、经营绩效模式的"政府支持———经营资本———经营动机"三位一体的理论框架[①]（见图8-1）。

[①] 程广帅、谭宇：《返乡农民工创业决策影响因素研究》，《中国人口·资源与环境》2013年第1期。

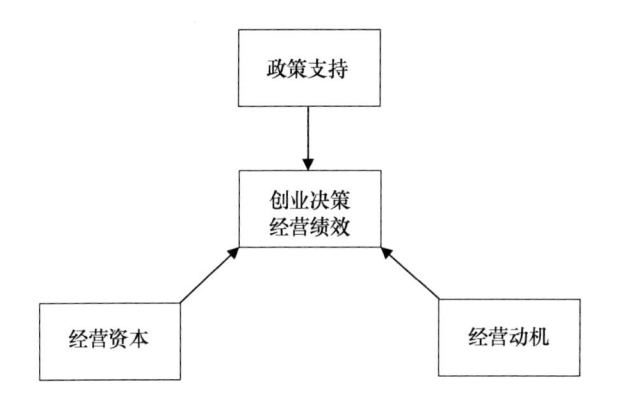

第八章 非农就业——有关村办企业 **215**

图8-1 "三位一体"的返乡农民工创业分析框架

1. 社会环境、个人家庭特征

针对客观的社会经济环境、个人家庭特征对返乡农民工创业决策和经营绩效的影响目前学界也已经做了大量研究。[①] 我们在调查中着重统计了如下几个变量（见表8-2）。

---

① 张善余、杨晓勇：《"民工潮"将带来"回乡创业潮"——以安徽省阜阳地区为例》，《人口与经济》1996年第1期；石智雷、谭宇、吴海涛：《返乡农民工创业行为与创业意愿分析》，《中国农村观察》2010年第5期；程广帅、谭宇：《返乡农民工创业决策影响因素研究》，《中国人口·资源与环境》2013年第1期；朱红根、康兰媛、翁贞林等：《劳动力输出大省农民工返乡创业意愿影响因素的实证分析——基于江西省1145个返乡农民工的调查数据》，《中国农村观察》2010年第5期；朱明芬：《农民创业行为影响因素分析——以浙江杭州为例》，《中国农村经济》2010年第3期；陈文超、陈雯、江立华：《农民工返乡创业的影响因素分析》，《中国人口科学》2014年第2期；赵德昭：《农民工返乡创业绩效的影响因素研究》，《经济学家》2016年第7卷第7期；朱明芬：《农民创业行为影响因素分析——以浙江杭州为例》，《中国农村经济》2010年第3期；张秀娥、王冰、张铮：《农民工返乡创业影响因素分析》，《财经问题研究》2012年第3期；朱红根：《外部环境与农民工返乡创业意愿关系的实证分析——基于江西省1145个农民工样本调查数据》，《经济问题探索》2011年第6期。

表 8-2　　　　　　　　　返乡农民工的个人家庭特征

年龄	频数（名）	性别	频数（名）	政治面貌	频数（名）	婚姻状况	频数（名）	子女数量	频数（名）
25岁及以下	0	男	4	党员	1	已婚	9	无	0
26—35岁	0	女	5	非党员	8	未婚	0	一个	3
36—45岁	6			村干部	0			两个	6
46—55岁	3			非村干部	8				
56岁及以上	0								

　　从年龄这一变量上来看，大部分的工商业经营者目前在36—55岁，鉴于我们在访谈中了解到大多数工商业经营者经营生意刚刚三四年，中年群体仍符合当地工商业经营者的形象。至于目前学界发现，年龄与返乡农民工经营绩效之间存在非线性关系，我们在访谈中也了解到一些情况。超市兼豆腐厂老板LRS在与我们交谈中强调创办企业存在着一个黄金年龄段，过于年轻没有资源的积累不容易成功，而年龄越发大了以后则会慢慢丧失创办企业需要的拼劲和闯劲，不再愿意承担风险。从性别角度看，我们所选取的创业家的样本性别比例较为均衡，可从经营绩效的角度来看，目前收入较多的富溪农庄、超市、油漆店、电动车店，均是男性。其余女性工商业经营者所经营的生意年收入均在5万元以下。此外，我们发现大部分工商业经营者的政治背景比较简单，目前9名工商业经营者均已经结婚，并且大部分有两名子女。

2. 政策支持

从政策支持这一角度来说，现有文献表明，政策支持直接或间接影响当地返乡农民工从事工商业的经营绩效，此外社会资本和人力资本在其中发挥着中介的作用。[1] 我们在调查过程中的发现基本支持上述论断。目前，当地政府已经出台了相关的支农惠农、扶持农民创业脱贫致富的政策方针和具体措施。两位成功的企业家对于这些政策知晓得更多，并借助政府的优惠政策为自己的企业提供发展资金。其中 LRS 利用贴息贷款投资建立了豆腐厂，而 LZB 利用贴息贷款投资了富渼农庄。而其余小业主往往对于这些政策并不知情，更不会去运用这些政策促进自己生意发展壮大。现有文献表明，政策信息的获取是农民工创业政策实施的基础，政策的落实力度与针对性是影响政策实施效果的关键因素，政策服务满意度是影响政策实施效果的直接因素。[2] 鉴于此，当地政府在出台相关措施之后，如何提高当地村民的知晓程度并且引导当地农民利用这些政策，是下一阶段应该着重思考的问题。

---

[1] 陈文超、陈雯、江立华：《农民工返乡创业的影响因素分析》，《中国人口科学》2014 年第 2 期；朱红根、解春艳：《农民工返乡创业企业绩效的影响因素分析》，《中国农村经济》2012 年第 4 期；戚迪明、刘玉侠：《人力资本、政策获取与返乡农民工创业绩效——基于浙江的调查》，《浙江学刊》2018 年第 2 期；徐超、吴玲萍、孙文平：《外出务工经历、社会资本与返乡农民工创业——来自 CHIPS 数据的证据》，《财经研究》2017 年第 12 期。

[2] 侯俊华、丁志成：《农民工创业政策绩效的实证研究——基于江西调查数据》，《调研世界》2016 年第 10 期。

3. 经营资本

对于经营资本这一角度，根据相关文献，① 我们将其具体化为返乡农民工的人力资本、社会资本这几个角度，其中人力资本我们在调查中将其细化为教育程度、技能水平和企业家能力。

根据调查结果，从教育程度上来看，大多数个体工商业经营者都经历过完整的义务阶段教育，具备一定的文化水准。值得注意的是，我们所调查的一户返乡在家待业的农户，他跟我们强调，由于自己的文化程度低下，所以没有像其他的返乡同伴一样做一些小生意维持生计（见表8-3）。

表8-3　　　　　　　　　渼陂返乡农民工创业的教育程度

教育程度	频数（名）
小学以下	0
小学	1
初中	7
高中	1
大学	0

---

① 石智雷、谭宇、吴海涛：《返乡农民工创业行为与创业意愿分析》，《中国农村观察》2010年第5期；朱红根、康兰媛、翁贞林等：《劳动力输出大省农民工返乡创业意愿影响因素的实证分析——基于江西省1145个返乡农民工的调查数据》，《中国农村观察》2010年第5期；朱明芬：《农民创业行为影响因素分析——以浙江杭州为例》，《中国农村经济》2010年第3期；赵德昭：《农民工返乡创业绩效的影响因素研究》，《经济学家》2016年第7期；朱红根、解春艳：《农民工返乡创业企业绩效的影响因素分析》，《中国农村经济》2012年第4期；张秀娥、王冰、张铮：《农民工返乡创业影响因素分析》，《财经问题研究》2012年第3期；刘溢海、来晓东：《"双创"背景下农民工返乡创业意愿研究——基于河南省4市12县的实证分析》，《调研世界》2016年第11期；陈昭玖、朱红根：《人力资本、社会资本与农民工返乡创业政府支持的可获性研究——基于江西1145份调查数据》，《农业经济问题》2011年第5期；戚迪明、刘玉侠：《人力资本、政策获取与返乡农民工创业绩效——基于浙江的调查》，《浙江学刊》2018年第2期；徐超、吴玲萍、孙文平：《外出务工经历、社会资本与返乡农民工创业——来自CHIPS数据的证据》，《财经研究》2017年第12期。

在调查过程中，我们发现，即使相同教育程度的个体工商业经营者，在与我们交谈中，所展现出来的眼界、见识和知识也是有巨大差别的。我们所调查的两户成功的企业家，超市兼豆腐厂老板、富溪农庄股东，对目前国家相关政策、市场情况也十分清楚，令我们感到惊讶的是，他们甚至掌握一些我们大学课程才涉及的经济学知识，并能够在实际中灵活运用。相比于这两位成功的企业家，其他的小业主往往对现实的宏观情况缺乏关注，甚至与自身企业切身利益相关的贷款、支农惠农政策都不甚知晓。尽管现有文献表明农民工在外务工的经历让他们开阔了视野，增长了见识，为人处事等各方面的能力也有所提高，[①] 可是为什么同样都有外出务工的经历，有的企业家开阔了眼界、增长了见识，而有的企业家未能呢？

我们在访谈中也了解相关情况，认为外出务工经历、创业经验的丰富程度是影响这一结果的重要因素。富溪农庄股东，最早在广东一家台资家具厂做学徒，后来慢慢从学徒做到技术员、领班、科长、经理，这期间也辗转了浙江、北京（4 年）、哈尔滨（6 年），并最终在哈尔滨成立了自己的家具厂并下设有门店，具备了一定的创业、管理经验，拥有了一定的人脉、资源后，才回到家乡与几个返乡的当地企业家合办了富溪农庄。类似地，超市兼豆腐厂老板年轻外出务工时也云游四方多年，同时也是当地江西山宝菌业有限责任公司股东之一，后来又先后单独创立了富光超市和豆腐加工厂。

---

① Galor, O., & Stark, O., "Migrants' Savings, the Probability of Return Migration and Migrants' Performance", *International Economic Review*, 1990, pp. 463 – 467.

在外出务工经历的丰富性上,其余小业主远不及这两位企业家。这些小业主在外务工往往是在某一个东部发达城市、在某个行业扎根,在当地工厂充当劳力,也没有创业相关的经历,在外务工只有3—4年的时间。

而针对人力资本中技能水平的维度,我们在调研中发现,所有外出务工返乡的个体工商业经营者,在外出务工期间都掌握了一定的技能,但这一部分技能在他们返乡后能否被应用,现实是存在分歧的。有的外出务工返乡的个体工商业经营者虽然在工厂掌握了一定的技能(缝纫、制鞋等),但返乡后,因为当地没有与自身能力符合技能的企业,找不到一份稳定的工作,自己的资源、能力又不足以在当地自己开办工厂,只好被迫做一些小生意、小买卖补贴家用。而另一部分外出务工返乡的个体工商业经营者,通过做学徒,习得了摩托车修理、装修等技术,这些技术适应农村经济发展的需要,同时依靠这类技术开展个体经营成本较低,经过这几年的发展,这类个体户在渼陂当地已经达到富裕的水平,如我们调查的油漆店和电动车店,年收入均在10万元左右。这一现象,学界之前也有发现,有的学者了解到,外出务工经历并没有对他们自身的人力资本或者社会资本带来多大的改观和进步,回流者在外务工期间并没有获取充足的技能,[1] 或没有能力来应用所获得的技能,回流农村后又重新从事传统的农业生产,其家庭平均收入水平低于未外出

---

[1] Stark, O., "Return and Dynamics: The Path of Labor Migration When Workers Differ in Their Skills and Information is Asymmetric", *The Scandinavian Journal of Economics*, Vol. 97, No. 1, 1995, pp. 55–71.

农户。① 也有的学者了解到，回流者对农户本身已经存在着积极影响，并且迁移本身就是一种人力资本投资，在这一过程中农民工获得了技术和知识。② 我们通过访谈了解到的情况，为农民工这一争议的现象提供了一个自洽的解释。

我们在访谈的过程中，在返乡农民工的人力资本这个角度更关注关注他们的个人能力，包括企业家精神和交际能力。并且现有文献表明企业家精神和交际能力是影响企业经营绩效的重要因素。③ 在我们调查中，我们发现，传统意义上人们认为的"普通的小业主都是天生的企业家""甚至农民都是天生的企业家"的说法，在现实中证明是错误的。我们所理解的企业家则是他的生意有发展壮大的潜力，他有能力承担风险，并在工作中很努力，即使在逆境中也会全力以赴。我们并不是说农民当中没有真正的企业家，但像我们调研的大部分人，他们的生意注定不会发展起来，也不会赚到很多钱。我们在调研过程中了解到，这些个体工商业经营者在企业家精神和交往能力上存在着巨大的差距。我们所调查的两户成功的企业家，超市兼豆腐厂老板、富渼农庄股东，这些创业精英不仅有较多

---

① Nansheng, B., & Yupeng, H., "Returning to the Countryside Versus Continuing to Work in the Cities: A Study on Rural Urban Migrantsand Their Return to the Countryside of China", *Social Sciences in China*, No. 4, 2003.

② 石智雷、杨云彦：《金融危机影响下女性农民工回流分析——基于对湖北省的调查》，《中国农村经济》2009年第9期。

③ 石智雷、谭宇、吴海涛：《返乡农民工创业行为与创业意愿分析》，《中国农村观察》2010年第5期；朱红根、解春艳：《农民工返乡创业企业绩效的影响因素分析》，《中国农村经济》2012年第4期；刘溢海、来晓东：《"双创"背景下农民工返乡创业意愿研究——基于河南省4市12县的实证分析》，《调研世界》2016年第11期。

的经济和社会资源，而且有突出的具有多元特征的"个体工商业经营者精神"。从他们的创业过程中我们了解到，他们并不像农村社会的其他人那样安分守己，按照他们的说法，他们具有一些"敢冒险""有梦想""自信""善学习""会计划""勤劳"的特征。并且在我们的调查过程中，他们能够对自己外出打工、创业的经历侃侃而谈，从中体现的企业家精神也让我们十分钦佩。

超市兼豆腐厂老板一开始是做超市，年营业额已经达到千万元级别，后来才在吉安投资开设的豆腐厂合作社。在谈及当初创立豆腐加工合作社的原因时，他也强调自己居安思危和对商机的把握。而富溪农庄股东之前在哈尔滨创建的家具厂盈利已经相当可观，当我们问及他为什么当初选择放弃自己一手经营的家具厂，离开自己处身多年的家居行业时，回想起来也十分感慨，"你问的这个问题对我触动确实挺大的，现在想想，当时如果一直在哈尔滨把家具做下去，安安稳稳的一年赚个五六十万不成问题。当时也真是年轻，和几个合伙人商量着说回来就回来了，可能就是年轻自己不知道天高地厚吧"。当我们向富溪农庄股东问及目前富溪的利润情况时，股东坦然自己并没有算过，赚的就直接投到新的项目中了。股东也跟我们透露了自己未来的计划，他们出资人打算进一步扩大富溪农庄地经营范围，2018年已经通过竞价拿下溪陂未来仿古商业街3000亩的地皮，将来还要拿下古街的经营权，进一步开发溪陂的旅游资源，带动家乡老百姓脱贫致富。相比于这两位成功的企业家，其他的小业主在与我们交流的过程中往往不善表达，对自己所经营的生意只是略知一二，缺乏热情，甚至表现出一种漠不关心的态度，认为"只要挣的钱够我们生活就可以了"。

我们也进一步探究这些个体工商业经营者企业家精神差异背后的原因，除了个人禀赋之外，我们发现，还存在着其他外在的因素。我们了解到，这些小业主经营的小生意（小餐馆、小卖部等）经营发展潜力有限，赚不了很多钱。并且小业主不愿意承担扩大再生产的风险和压力，与进行投资扩大再生产带来的未来不确定性相比，享受即时的满足和闲暇显然对他们来说更为划算。并且他们对贷款、利息存在抵触情绪，他们往往选择通过存款的方式筹集资金实现扩大再生产。这样的筹资方式往往需要一个很长的时间周期，这也解释了他们很难全身心、全力以赴投入自己的生意。此外，扩大再生产需要一定的专业技术知识以及管理知识，这也是他们不具备的。我们还了解到，受制于当地的传统买田置地观念，小业主所经营得到的利润往往会选择在当地修建房屋，装修极为豪华，并且街坊邻里存在着攀比现象。由于对当地二手房需求很少并且村里的房子破损折旧率很高，用自己的积蓄在当地修建房屋是一笔非常不划算的投资，是对本不充裕资金的极大浪费。超市兼豆腐厂老板也跟我们说道，他屡次劝自己的亲戚朋友不要在村里建房，可是大部分亲戚仍无动于衷。现有学者也对这一现象有所记录，回流者带回的务工收入也没有被有效地应用于能够带动其家庭长期发展的投资中。农民工回流之前，他们的汇款主要用于家庭消费，回流之后，有一半的积蓄用来盖房子和家庭日常开支，而用于生产投资的部分仅占22%。[1]

---

[1] 王西玉、崔传义、赵阳：《打工与回乡：就业转变和农村发展——关于部分进城民工回乡创业的研究》，《管理世界》2003年第7期。

针对经营资本中的社会资本这一部分，在调研中，我们发现，那些目前经营状况较差的小业主，往往利用兄弟姐妹等亲戚的强社会关系网络，向他们无息贷款，形成自己创业的起始资金。而在做生意、与人打交道形成的弱社会关系网络往往利用不佳。而当地两位成功的企业家，则更擅长利用这一弱社会关系网络，他们往往利用这一弱社会关系网络，为自己创办的企业提供信息、渠道上的支持。

4. 经营动机

从经营动机这个角度来说，根据与9位个体工商业经营者的访谈，我们发现返乡经营动机可归结为双重的动机因素，这和乡村社会结构特征相关。概括而言：引发主动回乡创办企业因素可称为"自我实现"，部分农民工对自主择业有强烈偏好，可以称之为"成长型"或者"价值型"驱动；引发被动回乡创立企业的因素可称为"家庭生计"，由于返乡农民工是家庭经济的中坚角色，他们被动创业获得收入，可以理解为"生存型"驱动。现有文献表明，经营动机是影响农民工返乡创业决策、经营绩效的重要因素，经营动机变量明显提高了政府支持变量和经营资本变量影响农民工创业的概率，并且即与生存型经营动机相比，成长型和价值型经营动机的农民工其返乡经营绩效更好。[1]

---

[1] 程广帅、谭宇：《返乡农民工创业决策影响因素研究》，《中国人口·资源与环境》2013年第1期；朱红根、康兰媛：《农民工创业动机及对创业绩效影响的实证分析——基于江西省15个县市的438个返乡创业农民工样本》，《南京农业大学学报》（社会科学版）2013年第5期；徐超、吴玲萍、孙文平：《外出务工经历、社会资本与返乡农民工创业——来自CHIPS数据的证据》，《财经研究》2017年第12期。

我们调查中，几乎所有个体工商业经营者都向我们强调了家庭的重要性，为子女的要照顾年迈的父母，为父母的要照顾年幼的子女、为了子女上学，为丈夫的要照顾妻子，而为妻子的要照顾丈夫。

保持完整的家庭生活，履行基本的家庭义务是农民基本的价值追求。很多农民返乡的直接原因就是照料家人，农民经济行为深深嵌入家庭伦理关系中。农民要尽力去追求财富，这是实现家庭幸福的基础，然而同时有一些价值是不能用经济来替代的，比如家庭生活。正如王西玉等学者调查发现，36%的返乡个体工商业经营者是"为了照顾家庭"才返回家乡的，[1] 这表明返乡个体工商业经营者并不总是理性地为了做生意本身而返乡的，他们把创业作为追求一些根深蒂固的价值目标的手段。市场经济尽管对农民价值体系形成一定的冲击，然而农民人生的基本价值依然在于以家庭为基础的自我实现，非常牢固和坚韧。有学者认为在这种价值影响下，农民的打工模式显示出强烈的"家本位"特征，[2] 这就解释了农民结婚后家庭的因素在农民择业的过程中开始发挥重要影响的原因。这对于妇女尤其如此，有了子女，形成上有老、下有小的家庭结构，妇女一般承担着优先照料家庭的义务。一个回家种田的年轻妇女说："打工是为了家庭，返乡也是为了家庭。"家里的男人也是如此，家本位的价值是他们返乡的主要因素之一。不过作为家庭经济的中坚，在回家乡后，为了获得不低于进城务

---

[1] 王西玉、崔传义、赵阳：《打工与回乡：就业转变和农村发展——关于部分进城民工回乡创业的研究》，《管理世界》2003年第7期。

[2] 张世勇：《返乡农民工研究》，社会科学文献出版社2013年版。

工的收入，维持农村生活的体面地位，必须想办法寻找新的生计，创业成为一种被动选择。

此外，我们了解到，以自我实现为动力的"成长型"或者"价值型"驱动模式在渼陂当地并不多见，只有两位成功的企业家超市兼豆腐厂老板、富渼农庄股东可以划分到这个范畴，其余往往属于"生存型"驱动。

在实践中两类经营动机是混合的。个体工商业经营者既有主动创业的成分，"哪个农民不想给自己当老板？"又有被动的家庭本位价值的考虑，"我们好多都是为了老人、孩子回家的，十个有九个是这样的"。即使是为了自我实现的个体工商业经营者，他们回乡的一个重要动机也是为了顺便照料上有老、下有小的家庭。而一开始是为家庭生计所迫的"被动创业"者，在经历了多年企业经营后，也习惯于从中获得"自我实现"的价值满足，认为自主经营企业优于外出务工，从而形成"成长型"或者"价值型"的驱动模式。

◇◇ 小结

渼陂作为历史名村，承载了当地工商业经营模式从传统走向现代的沿革、经历了当地工商业由兴盛到衰落到再发展的变迁，从四大家族到返乡农民工，浓厚的经商文化一脉相承。本章抛砖引玉，通过渼陂村田野调查访谈的10户村民，首先了解到渼陂村工商业发展史，在了解如今渼陂返乡农民工个体工商业经营情况的基础上，我们进一步通过"政府支持—经营资本—经营动机"三位一体的理论框架探究了影响农民工创业决策和经营绩效相关因素。最终，根据我们调查的结果，将推动渼陂村返乡农户创业致富的政策建议总结如下：

一 优化政策宣传渠道，建立农民工信息网络

根据调查我们了解到，目前渼陂政府已经出台了相关扶持返乡农民工从事非农行业的政策方针和具体方案，现实是大部分返乡农民工对这些政策并不知晓。缺乏信息，是农民工的一大障碍。同时在传递政策信息时，发布方式必须简单并且具有吸引力、信息的来源必须可靠。因此，在具体措施中一方面大力培养各级村镇基层干部政策宣传员，加强相关政策内容的培训，然后由他们向农民宣传和讲解政策，普及政策知识，营造就业文化；另一方面建立农民工信息网络渠道，构建一个信息资源共享的平台，一是建立农民工个体经营者登记制度，创建移动手机信息网络平台，以短信的形式向相关者发布关于政府政策、培训以及扶持政策等方面的信息；二是建立相关网站，提供信息资源，达到信息资源的共享，从而优化经营结构。

二 加强基础设施建设，保障创业持续发展

农村基础配套设施仍然落后，投资环境较差，大量创业所需的资源难以流向农村地区。因此，政府应加大对农村地区的基础设施

建设投入，改善农村创业投资环境，进一步带动农民工创业发展。同时，应该注意到目前农村个体工商业经营者往往是由于找不到合适的工作，被迫就业，应加大招商引资的力度，促进农民工自主就业的同时也要为返乡农民工增加就业岗位。

三　改善金融服务，提供信贷支持

一是加大政策性金融对中小企业和农民工从事个体经商的扶持。为缓解不发达地区有限资金过多流入城市，中小企业、农民融资难、资金供给短缺、贷款利息高等问题，应为他们提供额度不大但期限长、利息低、覆盖面广的贷款。二是发展重点服务中小企业和农村社区的金融组织，充分发挥农村信用社为农业、中小企业服务的作用。农村信用社信要加大对这些个体工商业经营者的信贷支持。扩大村镇银行试点工作，推进新型农村金融组织发展。三是国有商业银行要对农民工回乡从事个体工商业活跃的市县分支机构授权，按照商业银行规范提供贷款。建立新型信贷激励和考核机制，调动信贷人员工作的积极性。四是适应农民多样化的需求，开办固定资产抵押贷款、动产质押贷款、个人委托贷款、自然人担保贷款和同一区域、行业、优质民营企业联保互保贷款等，对有市场、有效益、有技术、有发展前途的采用信用贷款与抵押贷款组合、整贷整还等方式，放宽货款额度和还贷时间。五是放宽农村地区抵押物的范围，如允许小城镇的企业地产括集体所有土地的使用权，以及农村宅基地、自留山的使用权、房屋产权作抵押。六是建立中小企业发展和个体工商经营的信贷扶持担保机制。财政和金融结合，给予贴息等优惠政策。农民创办的小型企业，吸收农村35岁以上富余劳动力、城镇下岗失业人员和失地农民等扶持对象的可按规定享受小额担保贷款，并给予贴息。各级财政应安排一定资金，充实中小企业贷款担保机构，用于支持农民从事工商经营信用担保体系建设，对信用担保机构给予相应的风险补助。七是加大对农民财经素养教育培训，普及金融信息，消除传统对于金融机构、贷款利息的抵触情绪。

四　明确农村土地产权关系，促进农村土地有序流转

我们在调查中了解到，农村土地产权关系的未来还存在不确定性，农村土地第三方经营权等关系仍然有待进一步明晰，富溪农庄股东也跟我们坦言，与农户协商沟通土地流转往往颇费周折。而目前，相对于农村劳动力流动和土地流转，产权制度的变革、相关法律政策的配套一定程度上还处于滞后状态，不利于农地流转效益的进一步释放，也牵制了后续的专业化分工、规模化经营等农业现代化的发展步伐。最后，国家应加强顶层设计，出台专门的文件、规定，进一步明确、理顺企业与农民就土地流转和经营权建立的"债权关系"。通过明确双方权利关系，实现切实保障农民土地承包权和实际土地经营者权益的目的。除了加强国家层面的顶层设计外，村委会要真正起到协调企业主体和农民关系的作用。一方面要切实保护村民合法权利。在协商确定创业企业土地流转使用年限、使用

目的等方面保障土地流转农民的知情权，不能为了引进创业、发展新农村而牺牲村民利益；另一方面，村委会还要在土地经营权流转、租赁合同执行时，确保企业的土地合法使用权，避免土地流转过程中因农民违约、强制收回土地经营权等给企业经营带来困难。

第 九 章

贸易与信贷[*]

◇ 信贷

一 不足的需求

渼陂村信贷的一个主要特点是需求偏低，访户中曾有借贷经历的占少数，而他们借贷的次数也非常有限，往往只有一两次。借贷通常可以按照其用途分为两类：用于消费的和用于生产性投资的。从这种分类出发，结合调研中所选样本的年龄结构和职业结构，我们能够归纳出渼陂村民借贷需求不足的几点原因。

（一）样本的特殊性

明确访户样本的年龄结构和职业结构，对我们的分析非常重要，因为不同年龄段和从事不同职业的群体，在思想认识、生活状

---

[*] 本章作者为吴宛睿、王雨嘉、尚昱丞。

态、心理结构等方面存在显著的差异,这些差异往往导致消费、投资观念和行为的差异。如果不考虑访户取样的非随机性,直接通过分析有偏的样本得到关于渼陂村整体的结论,即使在社会学、人类学的研究范式下也是不符合学术规范的。

在时间上,调研安排在上午9时至下午5时入户访问,这与村中年轻人外出工作的时间大致重合,因此进入样本的访户以退休的老人为主。基于同样的原因,少数进入样本的仍在工作的村民,年龄在50岁上下,基本以在村中务农、打散工和做小生意谋生。在地点上,参与结构式访谈的村民集中居住在渼陂古村,而古村居民以退休老人为主。调研期间我们还对集镇上的商户进行了非结构式的访谈,因此有近10户商户进入了我们的分析。综上,进入样本的渼陂村村民以退休老年人为主;仍在工作的村民年龄在50岁左右,主要为务农、务工人员和小商人。

因此,我们分析得到的结论,只适用于渼陂村的以上群体,在推广到渼陂村村民的整体情况或中国乡村的整体情况时,需要进一步的求证和谨慎的检查和修正。

(二) 消费与借贷

经济学理论中,储蓄和借贷实质上是消费的跨时间配置:借贷就其结果而言,就是把未来某期的消费转移到当期,是一种超前消费。因此要解释渼陂村民借贷需求不足的现象,考察村民们超前消费的需求是自然的。

我们在调研中观察到,村民超前消费的需求偏低,很少或者几乎从不通过借贷满足当下的消费；这一观察与借贷需求偏低的现象是一致的。进一步分析，造成村民很少或从不超前消费的原因有二：较低的消费水平和相对充足的收入与储蓄；吃苦耐劳、勤俭度日的生活态度塑造的消费观念。当然，这些分析与样本的特殊性，尤其是与年龄结构的特殊性密切相关。

村中的退休老人通常有稳定的收入来源。曾经在事业单位，如供销社、国营工厂等工作过的老人有稳定的退休工资，接受访问的家户中，夫妻二人每月的收入1000—6500元不等。也有依靠子女寄来的生活费维持生活开支的，但这样的情况较为少见——大多数老人的子女在渼陂村附近的城镇、吉安市甚至外省打工，与家里老人的来往不甚密切；另外，考虑到打工地的消费水平和养育子女的负担，他们的收入相对有限，没有足够的结余支持老人的生活，有时还需要老人的资金支持。一些老人仍然在每年特定的时节做一些工作，例如较轻的农活和手工活；这些工作能够补贴家用，虽然老人们做工的主要目的是消磨时间而非补贴家用。

相对于收入，退休老人们的生活开支非常有限，每人每月的花销大约在1000—2000元，普遍小于各项收入的总和。受访家庭都至少可以做到收支平衡，部分家庭还有几千元到几万元不等的储蓄，以活期或较短的定期存在农信银行（前身为农村合作社）。

渼陂村中的退休老人能够将消费控制在较低的水平，与渼陂村或农村的一些特殊优势是密切相关的。首先，在村中拥有房产的老人，大多同时拥有一小块菜地，可以种一些蔬菜，圈养一些家禽（处于开发旅游资源等原因，村中新出的规定禁止放养家禽），有鱼塘的家户也可以养殖水产。因此，作为一项重要的生活开支，农户的食品消费可以部分地自给自足，其中蔬菜和蛋类的自产自销尤为普遍。在自给自足之余，一些老人还能将部分农产品在邻里间或集市上出售，一定程度上补贴了家用。即使不耕种，也可以将自家土地以480元每亩的年费承包给农场。

其次，老人们退休前即在村中拥有了房产，退休后在住房方面没有任何额外的负担。一些农户在家中打井，免去了大量用水的费用。还有一些农户从林地中捡柴替代煤气或天然气作为燃料，节省了部分的燃料花销。

最后，退休老人们另一项可能的重要开支——医疗与保健，得到了医保的支持。虽然医保制度的一些细节令村民不满：从乡镇到市医院的报销力度逐级递减，乡镇医院的住院费用可以报销80%—90%，吉安市医院只能报销30%—50%；只有住院三天以上才能报销，单独的门诊和医药无法报销；一家人必须全部缴纳保费，家庭成员才能获得报销医疗费用的资格等；但是符合条件时，医保的报销力度相当可观，对村民医疗的支持作用仍然明显，尤其是遭遇较严重的伤病时（往往能够符合获得医保报销的条件）。

除了有利的客观条件，上一代人年轻时艰苦朴素的生活所塑造的勤俭度日的消费观，限制了老人们的消费需求。"很省，不知道一个月花多少钱""有钱也舍不得花"在调研中是很常见的说法。在退休的老人中，超前消费几乎是不存在的。"平平淡淡过日子，不需要借钱""我们宁可自己苦一点，也不想问别人借"，这些访谈中收集的观点，基本能够反映老人们对于超前消费的态度，以及由此造成的偏低的借贷需求。

样本中仍在工作的村民，也拥有较充足的收入和较低的消费水平。由于样本数量的有限，我们无法对仍在工作的村民的收入和消费水平做出概括，但总的来说他们都能做到收支平衡，且有一定的积蓄。与此同时，他们也享有退休老人们有地、有房产、有农村医保等便利条件。值得注意的是，这些稍年轻些的村民，生活上虽不如老一辈节俭，却仍然少有超过基本生活需要的消费需求。一个典型的例子是，一位村民每年只在气温舒适的季节工作 2 个月，每天大约收入 400 元，足以满足每月为 1200—1300 元的开销，其他时间便赋闲在家。

（三）投资与借贷

除了满足当前消费的需要，借贷的另一个重要用途是进行投资。因此分析溪陂村村民的投资需求，也是解释其借贷需求不足的关键。我们发现，此次受访的溪陂村村民几乎不存在生产性投资的需求，这与受访者的职业构成密切相关。

首先，进入样本的村民除了退休的老人外，主要以打零工，换取劳动报酬维持生计，并不存在通过借贷购买店铺、机械等资本品，进行生产性投资的需求。

其次，我们在集镇上走访的商户也缺少借贷的激励。一方面，商户经营规模均较小，除部分商户为经营所需购置的房产外，固定资产的价值较低，通常动用存款就能完成投资，并不需要通过借贷筹资；另一方面，政府主导的道路翻修工程由于意外事故和赔偿纠纷暂停，原有的道路被破坏，交通极不便利；加之持续的人口外流，本地市场缩水，集镇上生意凋敝——许多商户反映利润越来越少，生意甚至难以维系——商户也缺少借贷投资、扩大生产的动机。

综合以上情况，调研中渼陂村村民借贷需求不足的原因与样本退休老人居多的年龄特征，和务农者、务工者、小生意人主导的职业结构相关。退休老人和尚未退休的村民都拥有稳定的收入来源和较低的消费水平，后者得益于土地、房产和农村医保等有利条件，同时也与老一代人勤俭度日的生活态度密切相关。集镇上商户经营规模小，固定资产价值低，加之生意不景气，没有通过借贷进行投资的需求。结合我们对渼陂村贸易现状的观察可见，信贷状况与贸易状况彼此关联，相互影响。

在调查中，访户普遍提及，需要通过借贷完成的投资或消费，仅有住房一项。房屋不仅是提供住房这一生活必需品的资产，拥有自己的房产更是乡村文化心理中，个人生活的重要部分，甚至与婚姻等其他的人生大事挂钩。同时，修建或购买房屋又耗资较大，村民的存款往往不足以支持这项花销，需要通过借贷来完成。

二 两种借贷方式与两种社会形态

在调研中，我们发现渼陂村村民唯一普遍需要借贷的情形是盖房或购房。通过询问村民盖房、购房的相关情况，我们归纳出渼陂村信贷的第二个特点：依靠私人关系的非正式借贷（下简称私人借贷）占主导地位，银行贷款等正规借贷（下简称正规借贷）渠道很少使用。通过进一步追问和调查，我们归纳了渼陂村村民倾向私人借贷而非正规借贷的原因，并分析了这种选择的社会结构基础。

（一）私人借贷与正规借贷

在此次调研和分析中，"私人借贷"指依靠亲戚、朋友、同学、同乡等一系列私人关系，进行资金周转，实现借贷目的的借贷方式。私人借贷往往不收取利息，还款期限、续贷规则等弹性强，相关契约和承诺的执行不具备强制力，往往可以考虑"人情"灵活调整。"正规借贷"指通过银行贷款等正式途径获取资金，往往收取利息，且对还款期限等有严格规定，契约的执行具有强制力。由于渼陂村村民借贷的主要用途是修建或购买房屋，需要借贷的金额较小，且当地金融服务落后，其他借贷渠道对村民不畅通，这里提到的正式借贷特指向银行贷款。

我们分析认为，造成渼陂村私人借贷为主，正规借贷极其罕见的信贷格局的原因，主要是私人关系网络作为信贷的来源是充足的，以及正规借贷的交易成本过高。

调研结中，村民普遍表示通过向亲戚朋友借钱，短时间内筹集几千元至两万元是完全可行的。这种通过私人网络的零利率借贷，被村民视作是筹集资金最便捷的方法。"我们是亲戚姐妹""还不起下个月还，就一句话""（亲戚朋友）能相互理解"——这些常见的表述反映了村民对于私人借贷的普遍态度：亲戚朋友间相互借钱是理所应当的。

与之相比，村民通过银行借贷则面临重重困难。

首先，银行贷款收取较高的利息，据村民反映约每月7—8厘，折合年利率近10%——对资金的需求方而言，正规借贷的金钱成本远高于不收取利息的私人借贷。

其次，银行贷款执行严格的担保制度。村民需要提供拥有偿还能力（如拥有较高的稳定收入，或超过借贷数额的存款）的担保人；但是，如果村民能够找到符合资格且愿意担保的担保人，也应当能够通过私人关系，从担保人那里得到等额的贷款。村民也可以选择抵押房产；但是据了解，只有老街和新街的房产能够符合银行对抵押物的要求——这意味着在古村中其他地方拥有房产的村民将不能用房产作为贷款抵押从而获得贷款。除此之外，绝大部分受访者都反映，只有在银行内部拥有"关系"的村民，才能够拿到贷款。

最后，银行贷款手续烦琐，村民（尤其是退休的老人）对银行的各项金融业务了解甚少，进一步增加了正规贷款的交易成本。除此之外，村民反映银行服务质量差。在农商银行的营业厅中，我们发现意见簿上存在诸多投诉，例如"没有老年用的老花眼睛（镜）""二（两）个窗口只有一个人上班""速度太慢，请改正工作方法""工作（态度）太不友好"等。我们还发现，农商银行并没有按照营业厅中张贴的相关规定，明确标明各项利率。

（二）两种社会及其演化

通过上述分析，我们看到造成渼陂村私人借贷为主、正规借贷为次局面的直接原因是后者相对于前者的成本过高。我们将资金需求方面临的借贷成本划分为时间成本和交易成本。借贷的时间成本来自于资金随时间的贬值。弥补资金贬值的方式是由供方向需方收取一定的利息,即时间的价值。而借贷的交易成本则来自不确定性。

银行解决(准确地说只是减小)不确定性的方案是信用评级、担保人制度、抵押制度以及收取一定的风险溢价,后者构成了资金需求方所支付利息的另一部分。每一种方案都是稳定的、严格的、非人格化的和制度化的,都建立在一种非私人(impersonal)的社会关系上。在这种社会关系中,人作为标签存在,与特定的功能相匹配;人与人发生联系,实际上是特定功能的混合,以达到某些共同的目标。这种社会关系,类似于"机械的团结",是 Gesellschaft 或"法理社会"的特征。

与之相比,私人借贷解决不确定性,依靠的则是情感纽带、道德观念和相当直接和武断的信任。我们从村民口中听到的"今天借10块钱,晚上就要还给人家""有一次他(债主)的老婆生病了,我们从别的地方借钱还给他",表现的就是这种道德观念和信任感。这种信任则是 Gemeinschaft 或"礼俗社会"的特征,反映的是"有机的团结"。在传统的乡村社会,这种信任建立在"对一种行为的规矩熟悉到不假思索时的可靠性",这种可靠性的基础是乡村社会的"地方性":人们被限制在一片孤立的土地上,"生于斯死于斯",互相知根知底,所有人的未来具有相当的确定性。

我们在调研中发现,与邻里、同乡相比,渼陂村村民更多地向亲戚、朋友、同学借款。一个合理的猜想是:随着人的流动性的增强,真实的空间上的"地方性"逐渐衰弱,建立在之上的社会关系和传统私人借贷方式也随之瓦解;但是关于传统借贷的"图示"留存了下来,被运用到新的社会关系上。"对一种行为的规矩熟悉到不假思索时的可靠性"仍然存在,但它已不再建立在固定的土地上,而是建立在流动的、开放的社会互动中积累起的社会关系上。实际的"地方性"变成了一种抽象的"地方性",却仍然左右着村民的借贷行为和乡村的信贷状况。

要实现经济发展和农村脱贫,农村人口必须大量流向城市,资本必须流入农村。随着农村人口流动性的进一步增强,传统的依靠私人关系网络的借贷模式将继续衰落,不再能够满足农村日益增长的借贷需求。彼时,以银行为首的正规借贷能否控制交易成本,降低村民借贷的门槛,将成为对乡村发展至关重要的因素。引入网络金融、大数据金融,一方面可以通过技术手段实现更精准的风控降低交易成本,另一方面能够通过引入竞争促使传统借贷渠道自我更新和改善,或许是一个值得考虑的政策方向。

◇◇ 贸易

一 今日的渼陂贸易

渼陂村主要从事农业生产,村民的职业分化很低,亚热带气候相对温和,主要农产品为稻米,历史上位于我国主要的产粮区,也饲养一定的家禽和鱼，大量的其他生活资料需要从外部运入；村庄靠近河流，依旁富水河，河水很浅，不能提供航运条件，村庄附近有主要的交通线路通过，陆运条件良好，距离更高级的商业中心——吉安市的距离很近，不过不足一小时车程，距离最近的集镇，也是村庄所属乡镇驻地——文陂镇的街道步行仅需10分钟。其贸易模式与我国大多数农村的商业模式相似，仅在部分方面表现出特殊性。

(一) 集市与摊贩

文陂镇的集市是渼陂乡村贸易的主要场所，集市两天一开，商贩在值夏镇和文陂镇之间流转，位于街道固定的位置，市场占地面积不足500平方米，村民消费的蔬果、肉类、蛋类均主要从集市购买，还有部分年长的村民的衣物等商品也会选择从集市购买，此外还有贩卖药品的摊贩。集市上的蔬菜等商品质量颇为不错，但是衣物的质量据居民反映较为糟糕，药品根据调研时的观察发现存在假冒伪劣产品和不合理销售的处方药。

集市上主要有两种摊贩，一种通过向集市的管理者（政府委托的承包商）支付一定的租金取得了固定的摊位，一块5米左右长度的摊位的租金大约为500元每年。另一种小贩没有固定的摊位，往往通过扁担等工具将少量的自家生产的农产品拿来售卖，产品的品种较为单一，只会在农产品自家难以完全消费的时候才会出现，所售卖的产品价格低廉，数量也很少，而且对于价格并没有多少概念，可以随意砍价，价格弹性很大，对于这一类小贩，早点卖完所有的商品似乎比获得最大的利润更为重要。由于这种小贩的数量很少，所以并没有和销售同类商品的固定摊主形成激烈的价格竞争，固定的摊主容忍了小贩分享自己的潜在顾客。

固定摊主则是另一种完全不同的经营者，他们严格根据集市的时间固定两天出摊一次，是市场上主要的销售者。固定摊主的货物主要通过从更大的经销商批发取得，售卖同类产品的摊主之间竞争激烈，空间上集聚，相同商品的价格一致，接近成本。但是由于市场上的摊贩在长期看来较为固定，因此我们认为这些参与者在长期的博弈中已经形成了一定的价格联盟以维持一定的利润。当然，由于没有明示的价格，这个价格联盟十分脆弱，在单次交易时，商户有很强的激励背叛联盟，降低价格以吸引顾客购买。以排骨的价格为例，在集市上有 10 家左右贩卖猪肉的摊位，而这些摊位的排骨的价格均为 23 元/斤，但是在我们询问相邻的两家摊位排骨价格而没有购买之后，第三家的排骨价格变为了 22 元/斤。商场上摊贩的生意并不好做，根据摊主的反映，由于大多数年轻人都选择外出务工，村庄的消费能力不足，很多家庭又自家有一方菜园，蔬菜等生活资料可以自给。而其他商品也要面临街道上店铺的竞争，甚至由于现在方便的交通条件，还要面临来自值夏镇和吉安市的竞争，利润惨淡。

（二）店铺与超市

渼陂村内部的零售店已经几乎绝迹，据了解，似乎仅剩的一家售卖米酒的店家和其他主要售卖食品饮料等的店铺，主要服务于当地的旅游开发，和当地人的生活联系并不紧密。这一结果在渼陂的出现并不意外，文陂镇的街道距离渼陂的距离实在太近，乡镇的店铺实际上替代了村庄内部的零售店铺的作用。我们主要考虑文陂镇上的众多店铺的情况。

由于服务更大范围的消费者，文陂镇的店铺种类颇为丰富，其中杂货店和餐馆的数量最多，还包括药店，理发店、照相馆、电器店、建材家具店等，具体的数量由于界定困难，调研时间有限并未进行统计，此外，还有一家颇具规模的超市以及一家农商银行。这些店铺主要满足了附近村庄居民的有关需求，餐馆的主要顾客是文陂镇辖区村庄前往镇政府等办理业务的村民。值得一提的是，文陂镇的餐馆的经营方式颇为特别，几家餐馆都没有菜单，而只是根据集市上应季的蔬菜等决定最终销售的菜色，价格也根据集市的菜价决定，没有统一的标准，这反映出此处的贸易水平仍然较为有限。而形成这一特别经营模式的原因中需求端的特点则扮演了重要角色：从辖区的村庄来镇上办理事务的村民人数较少且没有太强的偏好，长期维持稳定的菜单增加了不必要的成本，应季多变的地方家常菜品则提供了经营的很大的灵活性。街道上并没有专门贩售肉类和蔬菜的店铺，一方面，可能由于超市销售的商品一定程度上满足了需求，另一方面也可能是集市两天一次的频率已经足够令人满意，并不需要长期的专门销售商。贩售肥料和种子的店铺也没有出现，这或许与农业生产方式和运输能力的改变有关，传统的肥料被化学肥料取代，而由于方便的运输，并不需要专门在村庄或者乡镇直接贩卖这些物品，另外的原因可能是村庄内的土地大多已经被承包，很多村民并不耕地，而是从集镇购买稻米等粮食，因此也缺乏对于肥料种子等的需求。

超市对于文陂镇的贸易颇为重要，商品的种类基本与城市的超市别无二致，覆盖几乎所有的生活用品。超市首先满足了集市的间隙村民和镇上居民对于有关商品的需求，其次还提供了许多集市上没有提供的商品如洗衣粉、文具等，而且由于其集中化的专业管理与运营，即使是集市上有的商品，超市的商品有的价格更低，有的质量更好，仍然吸引着很多的消费者，超市的兴起也是集市衰落的重要原因。

（三）村庄内部的商品交易

村里的居民有时会从邻居处购买一定的产品，这种交易方式由于往往发生于左邻右舍之间，很容易被忽略。由于在村中停留时间并不很长，这种贸易也并不经常发生，关于这种贸易方式得到的资料较为有限。在村落里面的居民中，有些人家有较大的菜园，有些人饲养许多家禽，因此就会有一些居民家中有消费不完的肉、蛋、菜等农产品，而另一些居民则缺少这些产品。在出现上述提到的集市中的小贩的情形的同时，农户之间也会发生有关蔬菜等的交易，在长时间的共同生活的情形下，谁家有剩余的什么产品似乎已经成为一种常识，村民需要时直接上门购买，但是这种交易的数量并不多，前往集市等贸易中心购买和销售还是村民的第一选择。村民之间购销的商品的价格与集市上小贩销售的价格相差无几，定价方式也与集市小贩颇为一致，但是邻里之间关系颇为和谐，并不十分在意少量的利益得失，没有肆意定价的卖方，也没有讨价还价的买方。

（四）吉安

对于现代的村民而言，还有一种贸易方式可以选择——去吉安市里更高级的商业中心。方便的陆路交通线路使得村民可以只花几块钱，一个小时就可以从村口到达吉安市区，消费都市中品类更为繁盛的商品。这种方式被很多较为年轻的村民所选择，一些年轻村民大约一周到两周便会去一次吉安，大多数村民当天就会回来，其他部分村民由于在吉安拥有住所，可能会居住一段时间。居民在吉安消费的生活资料主要是衣物等，当然也有购买较为大件商品的。

（五）网络购物和电视购物

电视和网络等媒体的普及推动了电视购物和网络购物的信息交易模式，这两种购物方式在渼陂均有不同程度的体现，以网购为主，少数家庭曾经有过电视购物的经历。两种贸易形式的规模都不大，整个文陂镇只有一个快递代办点，快递并不直接上门投递，而是由代办点前往位于吉安市的快递公司代为领取，居民自行前往代办点领取，发送快递的工作也由代办点代劳，代办点不直接收取村民的额外费用，而是从快递公司赚取提成。快递的数量有限，整个文陂镇每天也只有100多个邮件，只是其他贸易形式微不足道的补充。网购的主要商品是衣物，也有购买电器的。村民日常使用的平台包括淘宝、拼多多、京东、唯品会等。网络普及程度不高是村民网购需求低的重要原因，据了解，村民大多没有接通互联网，只有少数家中有年轻人常年居住的家庭拥有宽带。老年村民认为网络是年轻人用的东西，自己不会用，而且老年人的消费等级较低，消费结构固定，集市和超市等已经可以满足需求。

(六) 与《江村经济》中贸易的对比

开弦弓村在自然、地理和历史条件等方面与渼陂村均有一定的相似性。两个村庄的气候相近，均靠近河流，主要农产品均为稻米（开弦弓村还有蚕丝业），历史上均为主要的产粮区，甚至在地理上，两者距离更高级的商业中心的距离都颇为类似，因此比较两者的交易方式可以帮助我们认识乡村贸易的变迁。

从以上叙述可以看出，开弦弓村的贸易模式和渼陂村的贸易模式有很多相似的地方，但也有很多不同，导致这种差异的主要原因在于百年来交通运输方式的改变。渼陂集市上的摊主小贩和开弦弓村的小贩是相似的经营者，不过由于交通便利，渼陂的摊主可以销售种类更为繁复，数量更多的商品，集中化程度更高的集市在现代更为活跃，可以频繁发生集市贸易。开弦弓村的店铺也与渼陂的店铺类似，但是由于渼陂的店铺位于文陂镇街道，因此店铺数量更多，承接更多顾客，有更为复杂的需求。网络和电视的应用不过是近几十年的故事，开弦弓村的时代自然不存在以此为依托的贸易方式。

与开弦弓村显著不同的区别是航船这一特定的运输工具已经完全绝迹，航运条件的逐步下降和陆路运输的发展共同导致了这一结果。中华人民共和国成立以来，富水河的水位逐步下降，现在河流仅剩一米多深，早已不能承载较大的航船，原本从事航船的人员已经转向其他行业。而相似的替代者也没有出现，这主要来源于更为高效迅速的陆路运输的兴起。方便快捷的公路使得消费者和更大的贸易中心的商户更为直接地相互联系,渼陂村村民可以选择乘坐公共汽车到青原区和吉安市区消费,外界商品也可以通过公路直接运到渼陂。渼陂村村民自己生产的稻谷等也不用自己运输给收购商,根据村民的描述,成熟的农林产品只需要电话联系收购商,便会有专人上门收购和运输。对消费与生产的代理人阶层的需求已经不复存在。

二 民国时期的贸易

民国时期的民间贸易方式大多已难以考证,据被访年长者口述,流动的小贩、集市上的小摊主与商贸区固定店面的经营者皆有。其中,流动小贩和现今的相似,数量相对更多,其中有些小贩甚至能与买主之间建立一些较稳定的销售关系。集市的情况也与现今相似,但地点不同,大致位于商贸区(下文"老街"的东段)旁侧。

(一) 陂头圩概况

相对集市和流动小贩,商贸区在当时的民间贸易中占有更大的比重。以渼陂村为例,当地的商贸区为陂头圩一带,或称"老街",共有200多家商铺,长约530米。《民国庐陵县志》(1941年版)记载陂头圩所售商品种类约66种,店铺资本最大为600元,约合今日的30000元;雇佣店员一般为2—4人。图9-1所示为一位被访者回忆老街东段商铺分布情况。

| 大和药店 | 米谷铺 | 米店 | 粮食杂货 | 久力 | 钱庄 | 义仓 | 合兴楼酒店 | 三保敬药店 |

| 复兴楼 | 染坊 | 肉铺 | 当铺 | 万寿宫 | 三德全 | 茶庄 |

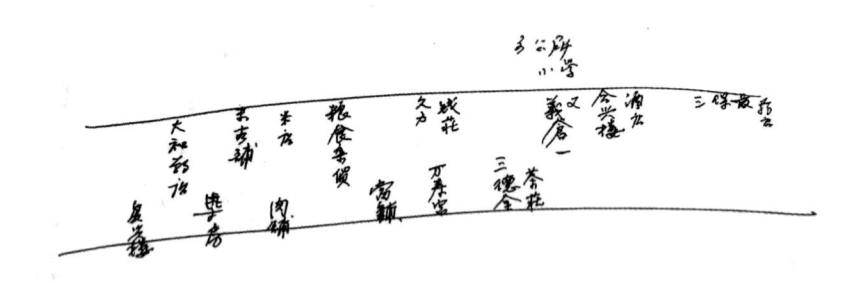

图9-1 被访者回忆老街商铺分布图（原图）

（二）零售与批发

商贸区的商铺大多经营餐饮业和零售业，涵盖正常家庭的日常所需的基本物品，如米面、布匹、茶、酒、药品。商铺的所有权相对集中，为当地的几家大户所拥有，在管理上也有一定的统一和规范。在这200多家商铺中，两三家商铺经营同一种类业务或销售同一种类产品的情况不在少数。这些相似的店铺在街上分散分布，商品价格相差不大，买者在选择店铺时往往依据距离和对商品个人喜好来决定。

陂头圩作为商贸中心的作用不仅限于零售业：因其毗邻富水河

的地理优势，发达的船运为陂头圩带来了"进出口"批发业。渼陂村的几家大户在民国时均拥有一些船只，他们向村民收购农产品和家庭手工业制品，如稻米、布匹、竹木等；在外县甚至外省换取丝绵织品、海产、金属等物资在沿途销售或批发给陂头圩的商铺。

（三）贸易规模

在规模上，陂头圩在江西省吉安市排名第五，为纯化乡最大的商贸中心。在被访者的描述中，陂头圩繁荣热闹，各家店铺的光顾者络绎不绝。但民国时期的有关统计数据显示，陂头圩作为餐饮和零售业的聚集地的影响范围并非很广：仅距离其4千米的值夏镇作为纯化乡第二大商贸中心，在零售业规模上与其难分伯仲，陂头仅在商品种类上略占上风，又有新墟、新安、东固三个商区紧随其后；并且纯化乡大部分地区为丘陵，村落稀少，全乡人口主要集中在西部较为平坦地带，几大商区的间距小，对零售规模和影响力均有所限制。至于批发业：由于相对于赣江而言，富水河水浅，仅春夏能通帆船，秋冬只能通过竹木筏等小船进行航运。因此陂头圩的批发业尽管在本乡占有优势，但也很难和外乡的商区和商户相较高下。总体来说，民国时期的陂头圩商区是一个以零售业为主，兼做批发业的次级商贸中心。

三 渼陂村贸易的变迁史

从民国时期至今，渼陂村的贸易方式、地点、规模和运输途径都发生了改变。结合各年龄段受访者所述的情况，我们大致梳理出渼陂村贸易在几十年间的变化过程。

20世纪50年代开始，地方大户的离开和没落带走了大量的商业资本、外贸及运输渠道，由他们主导的零售和批发活动逐渐凋敝，其中尤以经营"进口"商品销售的店铺为甚。民间地区性的生活用品相互交易仍保留了下来，集市的重要性在增加，而商贸区则日渐衰落。后来，又有以计划的形式进行分配，集市等生活性产品的交易也变得沉默了。

直到20世纪80年代初，民间贸易逐渐开始复苏和发展。流动小贩和集市小摊主一类的经营者重新出现，隔天一开的集市仍然选址于旧时的位置。渼陂村的集市逢农历单号日期在老街旁侧开放，而双号则在值夏镇开放。这种隔天一开的方式一直延续到今天，一些小摊主在两个集市均租有摊位，随着集市的轮流开放在两个地点销售自己的商品。与此同时，随着子女分家带来的住宅区变迁，在富水河上游，老街西侧尽头的坡地上，集聚了更多的居民，将曾经的一部分农业生产用地变为住房用地。在这里陆续出现了餐厅、理发店、修理店等，渐渐演变成整个文陂镇的商贸中心。这些店铺的经营者大多是拥有店面的户主，将自家住房门面的一部分用来经营生意。在渼陂村内的老街上，也有零星几家零售店出现，其经营者通过租赁或购买民国时期遗留的陂头圩店铺经营生意（见图9-2）。

随着人们生活水平的提高，21世纪以来文陂镇中心商贸区出现了几家销售电器和电子产品的店家，也新开了一家综合型超市

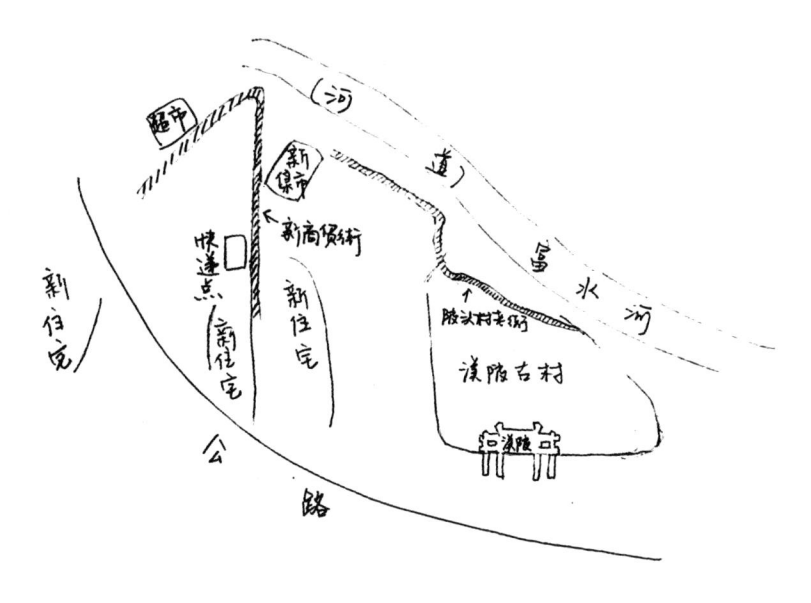

图 9-2 新旧商贸街位置关系图

以满足大家对多元化产品的需求。由于超市提供了更多种类的食品和日用品，集市的地位在逐渐削弱，并没有扩大规模或是增加频率，20世纪80年代的集市形态一直保持到今日。同时，随着农村富余劳动力向城市的转移，渼陂村内的购买力增长慢；而交通的越发便利又使得村民的消费可以不限于渼陂村的地理范围内，距离适中又能提供更好的产品与服务的值夏镇、吉安市分流一大部分消费需求。陂头圩老街上的零售店在近10年来纷纷搬迁到陂头或停业，仅剩一两家。

2014年以来随着互联网发展，网购正在渐渐走进渼陂村民的生活，文陂镇中心的店铺面临着全国成千上万的网店的冲击。网购带给渼陂村贸易的影响还在持续发生，其结果尚不明晰。

四 影响贸易变迁的因素

在贸易的形成和发展中，买卖双方集聚、二者之间的合约、商品的来源与运输等都是影响贸易情况的重要因素。尽管受到样本数量和质量的限制，在影响贸易变迁的因素分析中我们难以通过实证得出结论，但通过访问和观察我们仍试图提出三点影响因素。

（一）人口集聚

人口的集聚可能是贸易地点发生改变的原因。在民国时期，现文陂镇中心商区是一片农林业用地，没有人家居住于此，而渼陂村则人口密集。从房屋密集程度来看，渼陂村现保留的建筑中，户与户相邻围墙之间最短仅三四十厘米，可供一人通行，房屋密度高，居民多，也使渼陂村中的老街成为附近居民可以便捷到达的地方。而随着20世纪七八十年代人口增加和子女分家，越来越多的人选择去原渼陂村地理范围外的农地上建房居住。为了方便这些居民的日常生活消费，一些流动小贩和固定零售店铺的经营者选择在临近他们的地方提供商品和服务。渼陂村的贸易也就不仅仅局限于陂头圩一带。进入21世纪，渼陂村因其建筑和红色历史被规划为景区进行开发，村内的老旧房屋受到保护，村民们如果想要住上新房只有到村外的新住宅区另起房屋。同时伴随着劳动力向城市转移，渼陂村内的居民逐渐变少，老街上的商铺也再一次凋敝。而文陂镇新的商贸中心因为距离很多新居民区较近，且临近小学，逐渐发展起来。

对于零售商品而言，尤其是日常所需的易耗品，销售情况受区位因素影响较大。由于买方基本全部由小范围内的居民构成，聚集的人口对零售贸易发生的地点和规模起到决定性作用。今日的渼陂村，其人口聚集的中心正逐渐向古村以外转移，商业区也随之转移。而从更大范围的角度来看，青壮年的外出务工也使得原先的人口逐渐向邻近的市、县分散，带来零售业规模逐渐缩水的趋势。

（二）农业生产方式的转变

回顾民国时期渼陂村批发业的情况，大量的收购于农民家庭生产的稻米、布匹和竹木的向外乡出口推动了批发业的繁荣和发展。然而在今天的渼陂，以农业为例，农民作为粮食布匹的第一级卖方的情况已经比较罕见。在被访的人家中，大多数村民仅拥有一块可以自给的菜园，以及少部分家禽，供应自己家日常使用的一部分蔬菜肉食，而生活中食用的米面、一些肉类和大部分水果都是通过购买获得，更不必说将富余的粮食外销。古村内的村民多是留守的老年人和儿童，他们的壮年子女均在县城或市里务工，不以参与农业生产的方式为家里提供收入。少部分留在家中的青壮年也以农庄雇工、皮革厂雇工、建筑工人等职业为生，大多不从事自家的外销型农业生产。曾经属于各生产队的土地现在大部分被统一承包。结合在农庄务工的少量农村劳动力，渼陂村的支柱产业现在已从从前的由农户提供农产品转变到由农户提供农业生产所需的土地和劳动力，即在初级环节由市场交易契约转换为雇佣和租赁契约。体现在贸易上，活跃在村民之间的基本生活产品的交换正在不断萎缩,由村民为最终卖方的产品批量出口也逐渐变少。

相对于民国时期,这一部分贸易的转变很可能对整体贸易格局产生影响:渼陂集市和文陂镇中心商区的买卖关系向单向发展,越来越多的固定店铺经营者和集市小摊主从外乡甚至从网上进货,渼陂村民在交易中更多扮演消费者角色,而鲜少将自己生产的产品加入贸易链条。贸易的买卖循环变弱,可能是今日渼陂贸易发展的一个障碍。

(三) 交通运输方式的改变

运输方式的改变对贸易地点和方式均产生了重大的影响。民国陂头圩的贸易依托于富水河的交通运输,借助赣江、长江和全国各地的卖主联络。而随着主导河运的家族的衰落,富水河不再担负商业行船运输,也不再有管理人员来定时疏浚与维护河道。曾经在春夏两季可通行帆船的富水河道被泥沙淤积,深度变浅,直至今日即便是涨水的季节也不再能通行大型船只。并且,随着道路交通越发便利,由铁路和公路组成的陆路运输网络发达,速度快且运量大,即便与民国时富水河的最大运力比较也有天壤之别。在这样的陆路运输能力下,河运的恢复显得不值得也不必要。因此陂头圩邻近富水河的地理优势也不复存在,相反,因为其另一侧与公路之间密集的房屋和建筑使得车辆难以驶入,反而在陆路运输上处于地理劣势。这也是陂头圩老街现在商家凋零的一个原因。而新的文陂镇中心商区离公路近,且由于建造历史短,道路设计得较宽,可以双向通车，因此占据了新的地理优势，这也是其发展的一个影响因素（陂头圩老街和新商区与河道和公路的位置关系可见图9-2）。

对于贸易方式而言，交通的便利打破了地理区域的限制，为人们创造了不在本地进行的贸易方式。一方面，人们可以乘坐公共交通到邻近的值夏镇或是吉安市中心消费：渼陂村距离值夏镇仅4千米，有频繁的公交车在两地来往。而吉安市中心则距离渼陂村40分钟车程，产品种类更多，质量更好，来往也相对方便。举例来说，今日渼陂村仅有超市和集市售卖服装，且款式老旧面料种类少，但渼陂村民依然可以通过外出购买来增添自己衣物，这种方式的贸易规模不小；另一方面，人们也逐渐开始使用网购来消费。陆路交通的发达不仅在货物运输上支持了渼陂村的贸易，也通过对人们出行的影响间接丰富了渼陂村的贸易，增加其多元性。

就渼陂村贸易在吉安市的相对地位和当地居民对贸易繁荣程度的直观感受而言，现今的渼陂贸易不如民国时期繁华。并且从消费需求的角度分析，常住人口年龄结构的改变确实抑制了消费需求跟随整体趋势的增长，对贸易造成限制。但从贸易方式的分析来看，渼陂村的零售形式并没有发生多大的改变。并且如果从广义来看贸易，渼陂村各企业、农庄所生产产品的对外销售、居民外出消费和网购这些难以在渼陂村商贸区域中观察到的活动都被纳入贸易的范畴，那么渼陂村贸易不仅没有变得"不繁华如昨"，相反是在形式上变得多元，在方式上不断跟随社会的其他方面而发展。

◇◇ 小结

一 贸易与信贷

贸易与信贷是居民经济生活的重要组成部分，两者相互依托，相互促进，贸易的发展增加了信贷的需求，而信贷的进步提供给居民在时间维度上调整消费与投资的能力。从渼陂看来，由于村中长期居民以离退休老人为主，消费需求有限，没有超前消费的需求，乡村也不存在较强的生产性投资的需求，因此整体而言，渼陂的信贷需求有限，信贷水平很低。对于有限的信贷需求，居民也往往通过亲戚朋友之间的拆借解决，很少会有居民选择利率更高，手续更为烦琐，审核更为严格的银行贷款，少量有贷款的居民贷款额度也很低。其他借贷机构以及高利贷的现象曾经在渼陂出现，但是现在已经难见踪影。

历史上曾经繁盛的渼陂的贸易已经发生了一定的演变，如今渼陂的贸易主要发生在文陂镇的街道上，但是无论是贸易的规模，还是商品的品类都较为有限，集市是其中主要的表现形式，承担了居民的大多数生活资料的供给，街道两旁的店铺也在村民的生活中扮演重要的角色，最近几年新开业的超市是渼陂贸易的新的核心之一，很大程度上冲击着集市贸易的地位。村庄也存在一定的内部购销，但是数量很少，是集市贸易的补充。便利的交通扩大了渼陂村民的贸易范围和贸易品的种类，最近的吉安市区是渼陂村民最常去的高级贸易中心。

二 当网购和数字金融到来

不同于城市中实体经济受到电子商贸的巨大冲击，就现在而言，渼陂的网购规模还是十分有限的，在居民的消费中比重很低。进行网购的主体集中在年青一代。数字金融有关行业，如网络贷款、网络理财等在渼陂更是没有发现，大多数村民对此了解甚少。电子支付已经相当普及，文陂镇的很多店铺都支持电子支付，其中与社交网络联系更为紧密的微信支付的使用更为广泛，支付宝及其他电子支付手段的使用相对有限。但是随着熟悉网络的中年人逐渐成为乡村居民的主题，随着物流技术的进一步提高，网购将会逐步在村民的消费中占有更大的比重。随着村民的收入逐渐提高，消费逐渐升级，消费观念逐步转变，居民可能会面临更多的理财以及信贷的需求，数字金融的推广无疑为金融服务相对薄弱的农村地区的金融服务需求提供了一种可能的解决方案，有望被更多的村民接受和参与。

第 十 章

土地制度[*]

◇◇ 中国土地制度概览

中国农村土地的分配，基本可以由"三权"来描述。"三权分置"是近几年才提出的政策意见，[①] 其强调了将所有权、承包权与经营权严格区分开的重要性。虽然21世纪才得以在政策上强调，但这种提法是新中国土地问题的经济学分析所必须依赖的，在费孝通[②]所记述的民国时期其实已经出现田底和田面这种说法了。在我们所关注的渼陂村，三权的概念总体来看已经比较清晰，部分的实践已经开始，说明基本跟随了政策方向进行土地权利分配改革。

理论上来说，三权分置是一个双层代理结构，拥有所有权的集体将承包权分配给农民，拥有承包权的农民又将经营权分配给他人

---

[*] 本章作者为李鸿丞、刘子毅、孟星辰。
[①]《关于完善农村土地所有权承包权经营权分置办法的意见》，《新农村》2017年第1期。
[②] 费孝通：《江村经济》，商务印书馆2002年版，第156—158页。

或自留。两层代理体系中的委托方有着明显的不同，从理论上形成了一套兼顾监管、合作、市场配置的优良体系；这两种代理关系的契约形式也是不同的，集体给予农民承包权靠的是强制的计划分配，而农民转让经营权是来自市场调配。这一制度一方面还权于民，希望农民发挥积极性来最优化经济效率，另一方面也可以保持集体对生产的一定控制能力，这适当地兼顾了效率和监管等发展难题。理论上，这看似是很合理的。

但是现实的土地制度，并不见得有这般理想。譬如较极端的情况，在人民公社时期，可以认为承包权实际落在生产队手中，而且由于生产过程是以生产队给农民派发任务的形式，经营权本身也是生产队的。这样一来，依赖计划而非市场所关联起来的三权被锁死了，无法发挥出追求自身利益的农户和其他市场主体的积极性。而至于改革开放之后，三权的演变又有不同，但也不能保证就完全如同理论：改革开放初期统称承包经营权，名义上只有"二权分置"，并没有很明确的经营权转让概念，土地市场没有得到发展；然而实际上，20世纪80年代很多农户的行为却已经形同转让，说明经营权流转是有需求的，而这种正式市场的缺失意味着效率损失。而到今天，尽管三权的概念已然确立，但我们调研过程中遇见的大多数农户都不认为对土地经营权的管理实际掌握在自己手中。

在土地制度的权力结构方面，名义上的改变不多，大致维持在生产、行政和宗族三条线上。生产结构主要是村委会（生产大队）、村小组（生产小队）和农户组成的等级管理制度，可以视为所有权对承包权的一种当地的行政管理体系，是计划经济时代的产物，在生产上主要处理土地问题，也涉及生活问题。行政结构则是从中央到地方的各级政府，有时又涉及村委会、村小组的传导体系，在政策传达、执行、监管等方面发挥作用。而宗族结构则大多以姓氏为纲领，设立族长、村长、理事会等管理框架，是同姓村民以私人关系建立起的长期合作关系网络。在渼陂村，村民主要是梁姓、刘姓等，各家宗族建有祠堂，宗族仪式频繁且宗族关系紧密，可见宗族制度是本村的重要组成，同时影响着土地制度的权力结构。权力结构的相关内容在前面的报告中有更详细的阐述。①

土地制度从分配和权力两个角度的概览大致如此，基于这些信息，我们能更有效地去分析提炼出渼陂村所经历的各个土地政策中所发生的实质变化，有助于理解土地制度与土地政策的关系，从而给出批评与建议。接下来我们就以渼陂村为例，按照时间顺序（见图10-1）对重要的土地政策以及相关土地现象展开讨论。

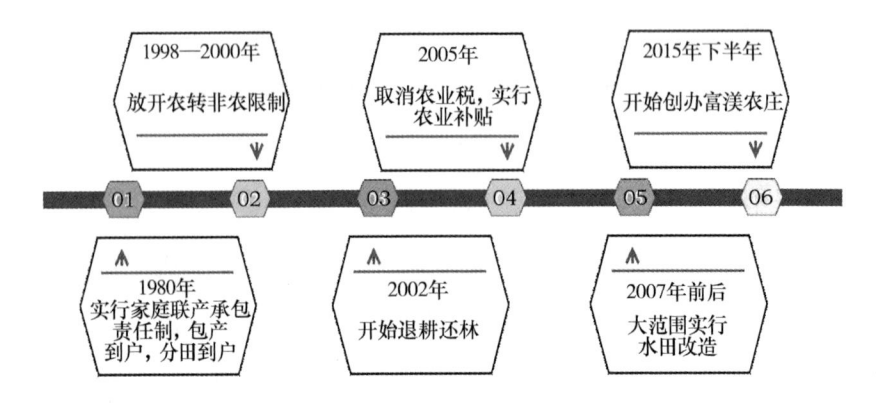

图10-1 渼陂村土地制度变化时间轴

①参考"乡村治理"有关章节。

◇◇ 渼陂村土地制度

一 家庭联产承包责任制

家庭联产承包责任制是在20世纪80年代初于中国农村推行的一项极其重要的生产制度，标志着农村土地制度的重要转折，也是中国农村现行的一项基本经济制度。是一项试图将土地承包经营权转让到农民手中的土地政策。农民将集体的土地承包，集体与农民签订合同，规定农民将相当数量的农产品上缴给集体后，余粮由农民自由处理，从而也有"包产到户"和"包干到户"的说法。从政策和理论上讲，虽然土地的所有权仍是集体的，但土地的承包权和经营权归农民所有。这项措施较大限度地改变了以生产队或生产大队为单位的生产模式，增强了农民的劳动积极性，降低农民的负担，改善了民生，为中国的经济转型立下了不朽的功勋。本章将分两个部分介绍这项改革对农民生活的影响，主要材料为在渼陂村的访谈记录，辅以相关政策文件与二手资料。

（一）计划经济时代的渼陂村

在计划经济时期，生产队是当时大陆农村地区最基层的行政编组，直接管辖农户，每位农民在其中的身份为"社员"。生产队设有队长、副队长、会计、出纳等职务，在经济上是一个相对独立的团体。在实际的生产活动中，生产队的队长或副队长可以决定每个人每日的工作内容，在我们的访谈中，某前生产队队长称他们分配任务的依据是"每个人擅长做什么就分配什么"，所以生产决策的实施实际上由小队长控制。任务的种类，完成情况直接与每个组员所能得到的工分挂钩，工分主要分为"包工工分"与"非包工工分"，前者与任务的完成情况相关，"干得越多，赚得更多"，主要应用于农忙时节；而非包工工分则是定额工分，主要应用于农闲时期，则是农民完成小队分配的任务即得到工分。生产队全年下来的收成减去上缴的公粮，征购粮等后就是可供生产队队员分配的口粮，而工分则是分配口粮与工资的重要依据。虽然包工工分的存在能一定程度上增加对农民的激励，但整体来看，这仍然是一种高度计划的经济体制：小组队长直接指令生产过程，对分配过程也有很大的影响力，可以预见，与小组生产队长的私人关系对能拿到多少口粮有重要的影响；同时我们也猜测，仅凭小队长的决策进行生产可能造成效率损失，因为计划经济时代的生产小队等同一个层级制度，且层级的规模不是灵活可变的，而是强制规定的。由于农业生产率偏低，小队在上缴公粮、提供征购粮后剩下的粮食很难满足所有组员的需要，口粮不足的农户只能向粮站回购粮食。除了上缴粮食外，每户农民还需要上缴规定数额的鸡蛋、毛猪[①]等产品作为征购粮，主要以将产品带到收缴站低价出售为形式，每户无论人口多

[①] 也即家养猪。

寡均以相同规格上缴。据村民反映，养殖成本 100 元左右的毛猪最终征购价格仅有 50—60 元，是农户的较大负担。

由于年代相对比较久远，我们对计划经济时期渼陂村的访谈资料较少，在这些访谈中，农户都反映了当时经济困难，生活水平低下的问题，这也体现了土地制度改革的重要性。

(二) 家庭联产承包责任制下的渼陂村

在渼陂村，家庭联产承包责任制于 1980 年前后开始，农民拿到了土地的承包权，将某数量的农产品上缴给国家后，余粮可由农民自由处理。生产大队改称"村委会"，生产小队改称为"村小组"，虽然不再指令农户的生产活动，但对农户的其他活动还存在较大的管理权力，比如土地调整等活动。

在调研过程中，一位村民向我们展示了"中华人民共和国农村土地承包经营权证"（见图 10-2），该证件注明了发包方全称、承包方的姓名、承包方的住址、承包方式、承包土地的用途、承包期限、承包地的面积等指标。发包方即为当地的行政单位，承包方的住址精确到了其所在小组。承包期限开始于 1998 年 12 月 31 日，经询问，这是补发证件的日期，实际上证件上的土地都是自 1980 年即开始承包的。该证件中注明了《中华人民共和国农村土地承包法》中的相关规定，其中比较重要的整理如下。

1. 农村土地是指农民集体所有和国家依法由农民集体使用的耕地、林地、草原等。

2. 农村土地承包主要采取家庭承包方式，而荒山这种不宜采取家庭承包的土地可以采取招标、拍卖、公开协商等方式进行承包。

3. 在承包期内，发包方不得调整或者收回承包地。

4. 通过家庭承包取得的土地承包经营权可以依法转包、出租、互换、转让，受国家保护。

5. 县级以上地方人民政府应当向承包方颁发土地承包经营权证书。

6. 通过招标、拍卖、公开协商等方式承包农村土地，经依法登记土地承包经营权证或林权证等证书的，其土地承包经营权可以依法采取转让、出租、抵押等方式流转。

关于证件，也有这样一些比较重要的规定：

7. 承包期内，承包方采取转包，出租，入股方式流转土地承包经营权的，不需要办理农村土地承包经营权证的变更、而采取转让、互换方式流转部分土地承包经营权的，承包方应当办理农村土地承包经营权证变更。

8. 承包期内，承包方全家迁入设区的市，并转为非农业户口的；或承包方提出书面申请，自愿放弃全部承包土地的，应当将农村土地承包经营权证书交回。

《中华人民共和国土地管理法》是在1986年6月25日第六届全国人民代表大会常务委员会第十六次会议中通过，于1986年6月25日中华人民共和国主席令第四十一号公布，自1987年1月1日

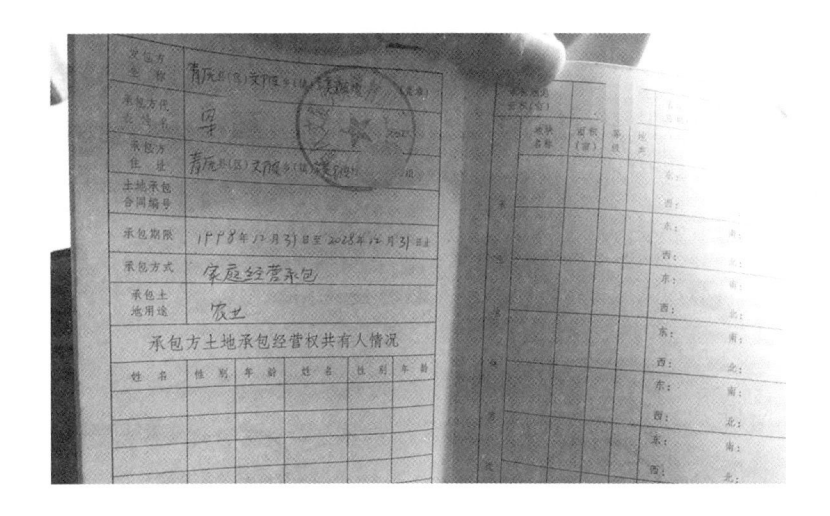

图 10-2　中华人民共和国农村土地承包经营权证

起施行的，之后只有少量修订。可见在 20 世纪 80 年代中期，国家已经对土地承包经营权的流转持有开放态度。据村民反映，最初承包土地分配主要依据每户的人口，之后的土地调整在小组之间存在差异。

尽管在村民口中家庭联产承包责任制是一项利民政策，然而我们也发现了实际实施中的问题，对之后的农村格局有着较深远的影响。首先分散田的问题，我们所采访到的所有渼陂村农户家的土地有一个共同特点，也就是包产到户时期分得的田亩过于分散，每家无论田亩面积至少有三块田，且两两相距大约都在 1.5 千米以上。这可能与生产队采取的分田方式有关。据某小队的一位前小队会计描述，该小队在分田以及之后土地大调整时多次使用"抽签排序，分级选田"的办法，也就是先用抽签的方式决定农户选择田亩的次序，接着再由小组统一根据土地质量将土地分为几个等级，然后农户便以抽签次序在每一级田中各选一块归自家所有。这种方法较公平，但会造成田亩分散，因为同一级的田在地理上可能是连成一片的，于是各级之中取一小块则必然不能集中。这无疑使得耕种成本上升，加大了农民劳作的负担，在之后的农村老龄化现状下表现得尤为突出。不过另一小队的某户农民则透露，其小队在分田时虽有分散田，但允许户间私下达成互换协议，也即两户农民可以通过互换田亩使得分别得到离自家更近的耕田，这种协议是要通过小队长记录在册的。然而这种方法并不能完全解决分散田的问题。

其次是生产队对农田的控制问题，尽管所有权仍然划归集体所有，然而为了充分让渡承包权，或者说是对土地生产资料的决策权，集体应当尽量少地进行土地调整，不然会造成实质上的产权不明晰，借助农民最大限度地发挥土地生产力的期望是难以达成的。但是在渼陂村，土地调整曾经是很频繁的，自1980年包产到户开始每年都会有因人口增减而展开的土地小调整，而后经规定改为5年一调整，且据农民回忆，在1985年、1990年和1998年各有一次较大规模的土地调整。直到2003年之后胡锦涛主席上任，渼陂村才开始听说停止土地调整的政策，这一政策大概的实施年份是在2005年之后。从这种生产队对土地的频繁控制中，农民和生产队的关系很大程度上仍维持在了计划经济时代，农户对自家田地的决策权十分有限，承包权很大程度上说并不在农户手中，而农民所有的只是经营权和土地作物的所有权，包产到户很有可能只改变了土地资源的分配方式，而并没有彻底改变土地权利的分配。

总体来说，随着家庭联产承包责任制的广泛推行，农民有了更高的自由度和积极性，农业产量明显上升，且新的粮食分配制度减轻了农民的负担，农村温饱问题得到较大程度的解决。但是城乡流转渠道的闭塞与较高的农业税以及相应的杂税成为了农民新的负担，这也是之后我们会重点谈到的部分。

二 "农转非"政策

"农转非"政策，即农业（农村）人口转为非农业（城镇）人口，是中华人民共和国实行的一项城乡人口户籍管理制度。1959—1961年的三年经济困难时期，政府加强了农民进入城市的限制，为农业户口转为非农户口设立了较高的门槛值。在计划经济时期，国家对城镇人口实行按人口限量供给商品粮的制度，一般情况下农业人口是不能进城落户居住的，也不能享有国家的定量商品粮供给，必须在乡村经营农业，上缴公粮与征购粮。然而20世纪80年代初期改革开放之后，出现了农转非农政策，为满足一定条件的农民开辟了通向非农户口的道路。理论上农转非需要达到一些门槛，例如学历、劳动就业、亲属关系等，在官方上也有相应分配指标，遴选审核的流程，除了一些工本费外也并不需要额外收费。然而据溇陂村村民描述，在大约1998—2000年出现了一款"修订"后的农转非政策，该政策似乎取消了农转非的绝大部分门槛，但具体能否操作成功主要取决于村民与当地公安局的私人关系。如果关系"硬"的话就可以少交钱，反之就要多交钱，其花费金额从数百到数千元人民币不等。受访者均表示找关系和交钱是必需的，"不交钱不行"

"大家都这么干"。由于访问户数较少,我们对这项制度究竟何时大规模实行,为何为从原先的有门槛改为无门槛,为何在执行上有如此多的寻租性行为暂时无法了解。

在家庭联产承包制广泛推行后,农业税与借农业税之机征收的附加税是农民的重要负担,对"城里人"身份的向往也进一步增加了农业户口转入非农业户口的需求。在我们的调研中,有几位受访者的家人在2005年农业税取消之前成功地由农业户口转入了非农户口。在农业税取消之前,从农业户口转入非农户口在农户眼中是一件稳赚不赔的事情,但在2005年农业税取消后,由于有可观的农业补贴,这种情况又发生了逆转。

三 退耕还林政策

渼陂村的退耕还林政策始于2002年。村委会干部告诉我们,退耕还林伊始时,先由政府根据林区规划与农民土地的具体耕种情况决定实施退耕还林的区域,再与涉及的村小组组长进行协商。在我们遇到的存在退耕还林的村小组中,基本是组长同意政府规划,再通知农民,有着事先的计划性和强制性。在我们采访到的小队中,有一个小队的组长在退耕还林决策中与农户进行了商议,其他小队则没有事先征得农户同意。在退耕还林普及的过程中,组长会对进度进行监督,不按规定退耕的农户不能获得退耕还林补贴。

政府收集到土地后,便以鼓励承包的形式将土地承包经营权转让给私人。这些转让对象一般都是附近村里较有能力且愿意承包的村民。承包人和拥有土地的小队会签订类似股权的协议以共享林地收益：包括退耕还林补贴（约210元/年亩，会一次性派发前7—8年的补贴）与林地作物的收益。利润最初是由承包人与小队按2∶8的比例分配，后改为3∶7。一些农民也成为雇工，在林地承担管理工作。渼陂的退耕还林后的林地多种植湿地松。种植约10年，可以采集松油。采集4—5年，即可砍伐。

少部分农户对退耕还林政策表示不满，认为退耕还林侵占了粮田；但是政策在大多数农户家中得到了肯定。原因是分散在边缘山地的土地耕种成本往往很高，还要征收相应的农业税——这些土地不仅不能给农民带来利润，还是一个经济上的负担，这在老龄化的家庭中体现得尤为明显。退耕还林政策选取的地块一般就是这些坐落于山地、不易耕种、农民不愿持有的土地，故该政策一定程度上减轻了农民的耕种负担和税负，也在一定程度上缓解了田地分散的问题。

值得注意的是，渼陂村退耕还林时人们的决策是基于农业税的背景。也正因此，有些农户当时同意了小队的安排，低价甚至无偿转包这些土地。而在2005年渼陂村取消农业税并进行农业补贴时，许多农民便认为当时的决定不甚合理。另外，大部分农户记不清退耕还林补贴的具体金额，甚至有农户反映，最近几年都没有拿到退耕还林协议的相关收益；与之相对的是，对于直接打到银行账户的农业补贴金额，农户却相当清楚。遗憾的是我们不知道这些收益金额是被小组长留作公用还是根本没有发到小组长手中，也没有得到最近种植与盈利情况的相关信息，这仍是一个需要进一步调查的问题。

四　农业税改革

农业税改革具体是指 2006 年前后全国统一废除农业税并改为农业补贴的惠民政策。在渼陂村，取消农业税的确切时间应该是在 2005 年——我们找到了第 12 村小组 1998—2004 年的农业税税表（如表 10 - 1），而到 2005 年就不再有税表了。

表 10 - 1　　　　2001 年渼陂村第 12 组缴税情况（节选）　　　　单位：元/人

编号	人口	亩分	农业税	农特税	地税	提留	民训	水费①	优抚	文教	五保
1	5	5.4	136.3	77.1	60	97.2	6.3	70.7	12.6	75	15
2	4	4.32	109.0	61.7	36	77.7	5	56.6	10.1	45	12
3	7	7.55	190.6	107.8	84	135.9	8.8	98.8	17.6	105	21
4	4.5	4.86	122.7	69.4	54	87.5	5.7	63.6	11.3	52.5	13.5
5	3	3.24	81.8	46.3	36	58.3	3.8	42.4	7.6	45	9

在渼陂村，各小组基本以人口数分配田亩，收税时又以每人每年或每亩每年的标准计算，故最终的农业负担可以追溯到每位农户

---

① 这里的水费既不属于"五统"，也列于"提留"之外，是上缴地方政府还是留存村中亦不明确，故在下文的统计中仅包含在农民上缴的总金额中，不包含在统筹、提留、规定税额中。

的平均上缴金额。利用我们得到的数据，计算得到第 12 组每位农户平均上缴金额的年际变化，如图 10-3 所示。

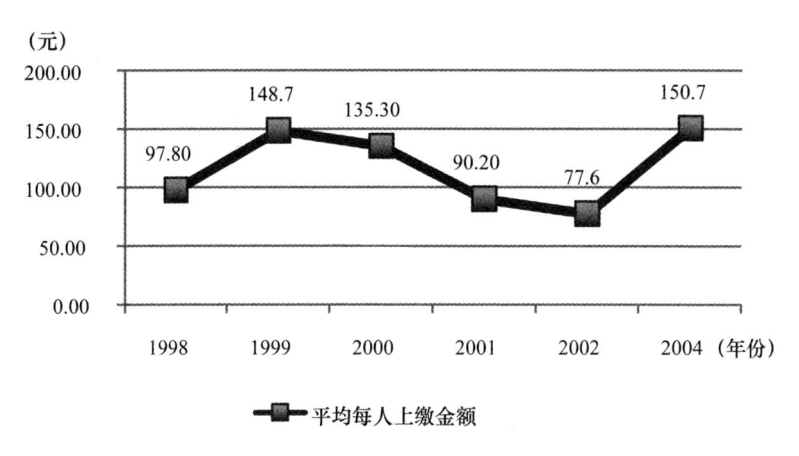

图 10-3　农民平均每人上缴金额年际变化①

农业税的设立和征收实际上都存在比较严重的问题。首先是，农业税严格按照每亩每年来定税额，虽然便于操作但形式比较刻板，无论是田亩质量高低、农户是否有能力耕种，税收规格都是相同的，给许多老龄化严重的家庭造成了较重的经济负担。很多农户都反映，从包产到户时期遗留下来的分散田问题，使得耕种十分不便，原本并不多的农业税顿显分量。

其次是，农业税存在"翻倍"的现象。农业税的实际实施有严重扭曲，如当地政府和生产队会借助收取农业税的机会征收附加税，被广泛地称为"三提五统"。我们得到的税收表中，

---

① 由每家总上缴金额除以每家人数，再取平均计算得出。

1998—2001年有详尽的税项分类。其中，地税、文教、五保按每户人数收税，其他各项按田亩数收税。农业税、农林特产税与地税（这里是耕地占用税）是上缴国家或地方的税收，民训、优抚、文教、五保属于乡镇统筹费，提留是村级提留款。2002年后，税表采用正税与附加税两栏方式统计，农业税与农林特产税是正税，此外征收附加税，是正税的20%左右。2003年数据不完整，一些计算中无法使用。据此我们计算了农民总上缴金额、村提留统筹与国家规定缴纳金额①的年际变化，分别如图10-4、图10-5所示。

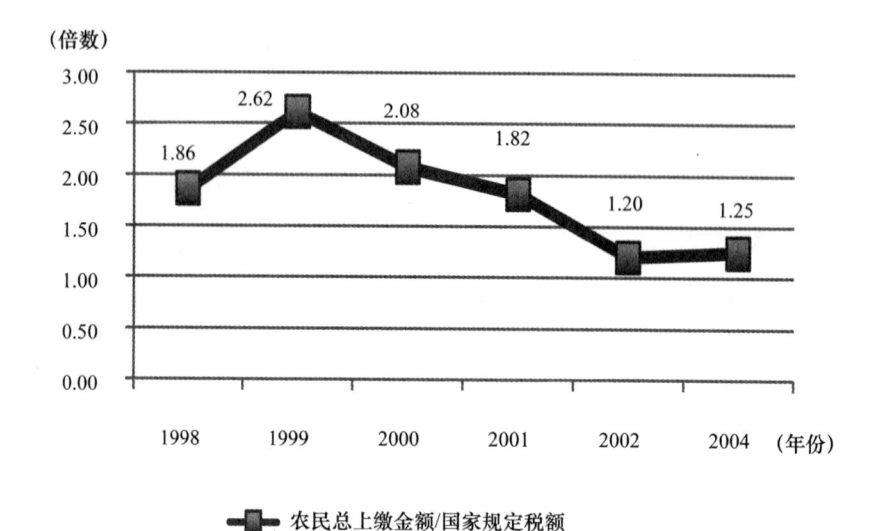

图10-4 农民总上缴金额与规定税额之比的年际变化

---

① 规定税额包括：农业税、农林特产税、地税（耕地占用税），下同。

第十章 土地制度 **273**

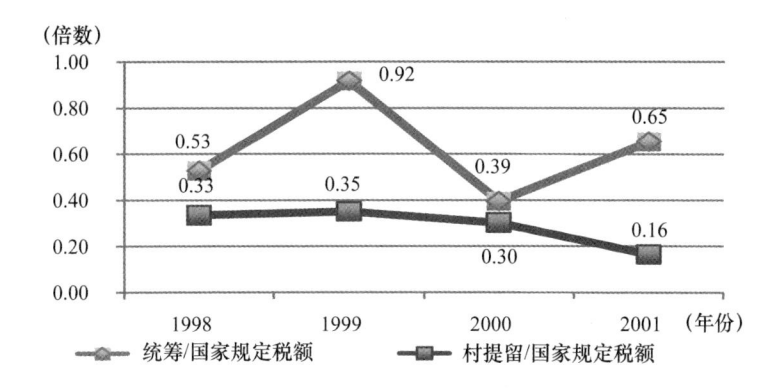

图 10-5 村提留、统筹与规定税额之比的年际变化

结合以上三图可以看到，1999年时这组农民的税收负担达到顶峰，农民上缴的总金额是规定税额的2.6倍，统筹款项几近与规定税收金额相等。而在1999年后，农民的税收负担逐渐降低，而到2005年这一负担消失。另外，我们了解到，每亩好的水稻田种植两季可收割得两千斤谷子，共卖到2000元，除去种子、肥料等成本，再用大约每人每天120元的市场价来计算人工费，减去后仅仅能留下400余元的净利润，而总体来看，农业税以及其余各种款项给农民每人每年施加了70—150元不等的负担，且年际浮动较大，对农民的额外索取是相当可观的。

最后，农业税设置的不合理使农民有不种地的激励，很多地被抛荒。农业税本身是定额税，和固定租金相似，从农民的视角可以理解为一种债务契约，这种契约使得农民面临的风险增大，因而看似能让劳动激励也增大。但是道德风险理论[1]告诉我们，当代理人

---

[1] Laffont, J. J., D. Martimort, *The Theory of Incentives*, Princeton: Princeton University Press, 2002, p. 155.

（此处即农民）存在风险厌恶或有限责任时，都不能形成比较有效率的结果。从前面的报告①中可以推断，渼陂村的农民是风险厌恶的，他们普遍不喜欢变故。另外，有限责任问题也普遍存在。据村民描述，虽然抛荒和逃税是会被称为"抗税犯"从而被邻居瞧不起的，有的小组也会对其进行罚款，大队也会在婚丧、子女上学、户籍变动等事项中对抛荒户、抗税户设置障碍，然而很多农户罚无可罚，故仍然固执不缴，生产队亦没有办法。于是，抛荒不种的无效率现象就出现了。

由此可见，农业税改革的最主要的成效是提升了土地利用的效率，增加了农民的福利。农业税取消之前，中央的规定就给予了地方政府较大的灵活性，允许地方上根据实际情况上报增减税率，况且地方政府长期以来就有额外征税的传统，借收取农业税的机会增加其他税捐也不难预料。农业税取消后改成了农业补贴，而农业补贴的派发方式是由机构统一发放至农户银行账户，这样地方政府也没有办法进行"截留"。这体现了农业税改革是有意识地去防范地方上的寻租行为。

另外，从入户访问的结果来对比，发现很多农民对地方政府借农业税寻租的事实并不清楚。渼陂村很多家庭都是三四亩田，但大多数人家在被问及"缴多少农业税"时都回答"三四百元"，也即翻倍之后的数目，只有很少农户能分得清农业税和附加税。可见执行的政策很难为农户所熟悉，村集体与生产队也并没有去努力纠正

---

① 参考"乡村生活方式"和"商品流通、贸易、信贷"相关章节。

这种信息不对称。

最后，要对之前"农转非"政策做一点补充。如前所述，农业补贴的额度非常高，降低了农户的经济负担，却也造成了许多之前选择"农转非"农户的后悔。据受访者透露，在村中存在一定数量的农户，在农业税取消后，他们的境遇非常不好：没有农业补贴，没有土地并无法参与组内的决策（部分小组）。另外，转回农户非常困难，据受访者透露，在其组内，转成农户需要通过所有成员的投票赞成，但由于非农户转入后可分得组内的土地，而使得其他成员的土地减少，所以得到赞成票的可能性微乎其微。

五 水田改造运动

水田改造，农户常称为田园法，实施于2007年前后。水田改造主要是对农村耕地进行了集中的整改，形成了规制统一、利于机械化的新型耕田。在水田改造前，许多地块坡度较大、田间仅有窄小的乡土路，每个地块也大小不一，在划分田地与使用机械方面并不方便。改造的具体项目包括：首先将不平整的地块铲平，使地块大小相当，每块地均为20余米乘30余米的长方形，四周为笔直的田坎，中围的面积为标准一亩，整块大田以田字形排列，这些长方形田亩只有边缘的土地被围成半亩；其次加宽修缮了田间道路，使得农业机械可以自由行驶，修建一些如水渠一类的灌溉设施。据村干部介绍，至少在整个江西省都实施了这项政策，在全国更大范围内也有遇到。

水田改造政策中，如果农民铲平土地，达到改造要求，每亩田将获得50元左右的补助。据一位农户反映，由于铲平田地付出的成本大，同时加宽田间的道路势必意味着每家粮田面积减少，使这项政策在实施初期招来大量的反对声音。不过这位农户也反映，现在大部分人认为水田改造是一件好事，因为统一规制的田亩确实使得生产效率有了较大提升。这位农户评价当时反对政策的农民是"思想觉悟低"，对粮田面积的执着阻碍了他们认识到平整田地、方便交通、规范地块带来的长期意义。

另外，水田改造运动在部分地方是具有强制性的。生产队会对违抗指令的农户进行惩罚，比如频繁派人催促农户对自家田地进行水田改造，并且剥夺该农户最终拿到50元补助的权利（见图10-6）。

图 10-6 水田改造后的田地

六　农庄承包经营

2015年下半年开始，渼陂村为发展旅游业兴办"富渼农庄"，一个综合"农业+旅游+精准扶贫"的复合型田园。农庄占地面积约500亩，之前是农户的粮田，现在有了荷花池、鱼塘、蔬果大棚以及其他一些吸引游客的项目。每年7月，农庄会举办荷花节，2018年是第二届。

农庄的主要经营者有四人，其中两人是渼陂村梁姓男子，两人中其中一位是前任书记的弟弟，第三位是从渼陂嫁到外村的梁姓女子，第四位是外村罗姓男子，采取股份制组建企业。据说还有其他投资人。目前以480元每亩每年的价格承包农户的土地。同时，由于国家鼓励土地一定程度的规模经营，农庄凭借其较大规模可以获得政府每年每亩100多元的补贴。除了国家的规模补助外，当地政府也提供了相当可观的补贴，据两位农户透露，农庄从农户手中每得到一亩土地，政府就派发1000元的补贴给农庄。这样金额的补贴已经超过寻常耕地一年的净利润了，我们认为此补贴的合理性值得商榷。

农庄的成立与运营有着很多问题。首先是政府和生产队多方面的帮助，其原因有待分析。除了大数额的地方政府补贴之外，农庄在获取农民土地时也有生产队的强制行为，据农户透露，当时收集土地时有些农户并不愿意将土地交给农庄，然而生产队不仅强行转包了这部分土地，而且还取消了该农户得到480元转让价格的权利。

当然这种现象在不同生产小队是不一样的，有的生产队就会尊重农户的选择，事先商议清楚。

其次是农庄与贫困户存在多层关系。农庄成立时让渼陂村的贫困户悉数入股，据农庄的宣传，2017年吸纳贫困户71户185人入股，发放股金4万多元。然而我们怀疑农庄让贫困户入股的原意可能并不是扶贫。我们了解到，农庄将国家依照扶贫政策发放给贫困户的每年5000元的补助金拿到手中，再将农庄的股份分给贫困户。而且我们又了解到，农庄的旅游业刚刚起步，且耕种作物的收益周期较长。于是贫困户同意拿出自己的"救命钱"来换取一项收益期限长、不确定性大的旅游业投资收益的决策不太可信，是否真正出于农户自愿仍有待调查。另外还从询问中了解到，贫困户有以土地证获取最高5万元贷款额度的权利，但贫困户大多并不清楚他们具有这项权利。而清楚信贷政策的政府和企业会利用贫困户的证件来得到贷款，从而形成一个抵押不可靠的信贷关系，可能造成道德风险问题，吞噬贫困户福利。较积极的一面是，农庄为渼陂村以及附近其他村的部分贫困户提供了就业机会，农民可以通过帮忙剥莲子赚取收入。

值得一提的是，村里有一位在农庄租地种植特质品种西瓜的贫困农户。现在，他以240元每亩租用农庄的土地，价格低于农庄给其他农民的租金。他尝试很多新品种的培育，包括"双色冰淇淋"西瓜、甘蔗甜度的玉米等。他提到，几年前政府请来其他地方如浙江的专业人才来传播农业技术，政府也有几十万元的启动资金提供，但基本无人问津，最后他因为一次机缘巧合才愿意尝试新技术。这种新技术种瓜可以从4—5月采摘到10月，最高一年可以产西瓜10000斤以上。但波动颇大，若遇到阴雨连绵，可能会绝产。双色冰淇淋西瓜非常独特，其种子昂贵，2018年就卖到了3元一粒；而西瓜卖价也不菲，在一些大城市，一个西瓜可以卖到100元以上。但在农村的西瓜市场则难以进行销售，因为农村西瓜的均价为1.5元一斤，这根本赚不回新品种西瓜的成本。还因为农村人不敢吃和不相信新品种，最初很难卖出。然而这位农户并不打算放弃，他决定"要么种很多，要么不种"，并计划用试销的方式打开市场。

这位农户实质是在进行农业创新。新品种的培育面临市场竞争机制和声誉机制之间的矛盾，兼有信息不对称的考验。据他描述，农业创新前景很悲观，因为创新所依托的是声誉，而农业商品市场的竞争异常激烈，价格机制主导，通过声誉机制形成品牌的努力异常艰难。这个现状对理解农民决策有参考意义。

七　农村征地与土地流转

征地现象是近些年间农民土地面积减少的主要原因。由于农村基础设施建设的需要，土地用途的重新规划愈加频繁，政府可利用集体对土地的所有权将土地从农户手中有偿地拿走。在走访过程中，多户农户反映政府修路、建水库、建农贸市场、建镇政府大厅等行为征用了他们的土地。征地的费用主要由政府与村小组进行协商，有农户反映征地费用为34000元每亩，也有农户反映，政策规定征地费用为9万元每亩，但实际拿到的却仅有2万元每亩。我们也了解到征地过程中发生过农户与政府的冲突现象，农户躺在挖路机前，施工队泼汽油与辣椒水将其赶走。

另一现象是农村的土地流转，具体是指土地经营权的流转。土地流转在村庄里非常普遍，但流转市场几乎不存在。农村的土地流转大概分三种：私人关系之间的转让、抛荒与捡荒，以及政府引入企业租用农民的土地。前两种流转基本没有租金，也没有正式的合同，大多都是口头缔约。这种流转通常以人情维系，出现于亲戚和邻里之间，而并不存在将土地转让给别村村民或者陌生人的情形。在流转中没有出手方与入手方的集聚，故也没有土地流转市场的存在。在农户的认识中，这不是土地承包经营权利的行使，而是类似于邻里和睦、互帮互助一般的顺水人情。一位农户提到，若要把土地给别人，自然是先考虑同村的村民，"以后别人也会帮助你"。现在，由于非农就业的增加，农村荒地比例上升，捡拾别人不种的地也成为村里年轻人增加土地面积的通常做法，称为"捡荒"。一位农户家里有人通过捡荒得到了100多亩土地，然而这些土地较为分散，荒地又有除草等其他成本，如果别人要种需要归还。这一规模化尝试在产权上不明晰，在生产上的最终利润也不高，私人经营比较艰难。所以个人如果不通过政府，想达到一定程度的规模经营并获利比较困难。

第十章 土地制度

◇ 小结

一 渼陂村土地制度总体特征

我们从分配结构和权力结构来总结渼陂村土地制度演变与现状的特征。首先从三权分置的角度来说，在包产到户时期，渼陂村大部分农户实际上仅仅得到了经营权，而且获得的方式是计划的、强制的，几乎不能进行经营权的任何形式的转手。这样的结果使得尽管农民的生产激励增加，总体风险分担却不充分，效率有损失；土地经营权在实际操作中不能由农户自由转手，资源的配置有损失，兼有城镇化、老龄化等外生环境，很多土地并未得到充分利用。

到21世纪，也开始出现土地经营权得到流转的现象。这一般只有两种情况：依赖私人关系的非正式土地转借，以及存在政府或生产队参与的大规模私人承包。私人关系下的土地转借局限性很大：在渼陂村，借用土地者或者"捡荒者"在获得土地时几乎不用付租金，故亦没有正式契约，并在土地主人需要使用土地时借地者必须无条件让出土地，这使得土地转借的产权界定不明确，借地者面临较大不确定性，规模农业难以成形；而且，私人关系网络具有偶然性，非私人关系的土地转借交易成本又太高，规模化障碍重重。另外一类经营权流转，则需要政府和生产队参与，譬如退耕还林的实施、渼陂村富渼农庄的形成，都存在部分生产队对农户的强制索地现象，最终这些土地被私人经营。可见，经过几十年的演变，土地承包权似乎出现在了农户手中，但由于土地经营权买卖的范围小、市场不正规，又兼政府和生产队的频繁介入，承包权并不能说已经被农户掌握。

接着从权力结构角度来看，我们将土地问题划分为几个相关联的部门来分析。首先是农户，在渼陂村居住的普通农民眼中，除了极具竞争性的农产品商品市场，没有别的市场存在，他们基本依靠私人关系向亲戚借钱，靠私人关系从他人手上得到土地。其次农业受到竞争限制，规模发展也极富不确定性，故而守家务农的收入甚微，年轻人普遍选择到城市中打工，土地荒芜情况较多。其次是生产集体与政府，计划经济时期留下的行政和生产框架具有极大的"惯性"，生产队与政府总是表现出较大的权力，有能力为实现政绩目标与私人目标而不择手段。比如地方政府借以农业税之名征收苛捐杂税，造成税负翻倍，农民负担太重；又比如退耕还林、水田改造、政府征用土地等的过程中都存在政府与生产队强制农户的现象。最后是企业，进行私人承包土地的企业于近几年才在渼陂村出现，而且存在与行政体系勾结的嫌疑，可以认为真正有效的土地流转市场并未出现，企业只是制度"惯性"的一种新形式。

从上述两方面分析可以看出，就渼陂村的情况来看，包产到户以来确立的权利分配，以及三权分置相关文件中所明言的"坚持农民主体地位，维护农民合法权益，把选择权交给农民，发挥其主动性和创造性,加强示范引导,不搞强迫命令、不搞一刀切"① 还远远没有落实,土地权利的分配并不理想。权力结构也具有相当的顽固性,农民在土地问题上的地位太低,政府与生产队惯用的一刀切手法具有偶然性,寻租的空间也比较大。不能说两种结构之间有绝对的因果,因为两者总是互相决定——今天的分配决定了明天的权力,明天的权力又决定了未来的分配——这也形成了渼陂村土地制度现状的主要特征。

二 农村土地制度改革

中国农村土地制度改革是艰难的,主要是面临了一个进退两难的困局。其一方面,农民受到计划经济时期的影响深重,参与市场的意识低下,且作为私人关系基石的宗法制度依旧有较强的影响力,又兼历史遗留下来的集体决策框架具有惯性,诸类因素都阻碍了农村各类市场的培养,有很多发展问题不能得到自发解决,短期来看没有政府的干预是不行的,诸如分散田、欠规模化等问题是很难被自发解决的。然而另一方面,政策手段的过度使用,以及城镇化、老龄化等外生因素,使农村培养市场、自发合作的动机和能力越发不足,从而对政策更加依赖。

虽然有这样的矛盾,但从长期来看强化农民决策权力、营造市场经济土壤仍然是上策。中国土地政策既然要区分"三权分置",就应

---

① 中共中央办公厅、国务院办公厅:《关于完善农村土地所有权承包权经营权分置办法的意见》,2016年10月30日。

该让权利的拥有者学会去行使权利,例如农民想要切实地拥有承包权,就应该构建一个成熟而正规的土地流转市场,而不是等待政府和企业来"帮助"农户转租土地。市场之所以能更好配置资源,其一方面是因为价格机制,另一方面则是市场参与者有动机去摸索、去谈判,从而关于供给和需求的信息才能充分涌流,农民的市场观念才能建立,理想的配置结果才能长期存在,而不能仅仅依靠政府的政策。

所以,假借以上对渼陂村土地制度的分析,我们认为政策制定者应该综合考虑地方上的具体状况,尤其是各类或明或暗的市场的培育情况,而不应该仅着眼于宏观的汇报数据。将农村土地制度改革的着眼点放到农民权利和思想的解放上,市场经济土壤的滋润上,可能才是政策效力提升的关键。

参考文献

一 中、外文著作

《青原年鉴（2012）》，《青原年鉴》编纂委员会，2012年。

费孝通：《江村经济》，商务印书馆2002年版。

费孝通：《江村经济——中国农民生活》，商务印书馆2001年版。

费孝通：《乡土中国》，中华书局2013年版。

黄桃红：《渼陂村》，江西人民出版社2018年版。

李梦星、罗杨：《中国古村落丛书：渼陂村》，中国文史出版社2013年版。

张世勇：《返乡农民工研究》，社会科学文献出版社2013年版。

Galor, O., & Stark, O., "Migrants' Savings, the Probability of Return Migration and Migrants' Performance", *International Economic Review*, 1990.

Laffont, J. J., D. Martimort, *The Theory of Incentives*, Princeton: Princeton University Press, 2002.

二　中、外文期刊

边燕杰、张磊：《网络脱生：创业过程的社会学分析》，《社会学研究》2006年第6期。

陈文超、陈雯、江立华：《农民工返乡创业的影响因素分析》，《中国人口科学》2014年第2期。

陈昭玖、朱红根：《人力资本、社会资本与农民工返乡创业政府支持的可获性研究——基于江西1145份调查数据》，《农业经济问题》2011年第32卷第5期。

程广帅、谭宇：《返乡农民工创业决策影响因素研究》，《中国人口·资源与环境》2013年第23卷第1期。

《关于完善农村土地所有权承包权经营权分置办法的意见》，《新农村》2017年第1期。

郭于华：《农村现代化过程中的传统亲缘关系》，《社会学研究》1994年第6期。

国务院发展研究中心《农民工回乡创业问题研究》课题组、韩俊、汪志宏等：《农民工回乡创业现状与走势：对安徽、江西、河南三省的调查》，《改革》2008年第11期。

韩俊、崔传义：《农民工回乡创业热潮正在兴起》，《农村金融研究》2008年第5期。

侯俊华、丁志成：《农民工创业政策绩效的实证研究——基于江西调查数据》，《调研世界》2016年第10期。

林斐：《对安徽省百名"打工"农民回乡创办企业的问卷调查及分析》，《中国农村经济》2002年第3期。

刘溢海、来晓东：《"双创"背景下农民工返乡创业意愿研究——基于河南省4市12县的实证分析》，《调研世界》2016年第11期。

戚迪明、刘玉侠：《人力资本、政策获取与返乡农民工创业绩效——基于浙江的调查》，《浙江学刊》2018年第2期。

石智雷、谭宇、吴海涛：《返乡农民工创业行为与创业意愿分析》，《中国农村观察》2010年第5期。

石智雷、杨云彦：《金融危机影响下女性农民工回流分析——基于对湖北省的调查》，《中国农村经济》2009年第9期。

王朔柏、陈意新：《从血缘群到公民化：共和国时代安徽农村宗族变迁研究》，《中国社会科学》2004年第1期。

王思斌：《经济体制改革对农村社会关系的影响》，《北京大学学报》（哲学社会科学版）1987年第3期。

王西玉、崔传义、赵阳：《打工与回乡：就业转变和农村发展——关于部分进城民工回乡创业的研究》，《管理世界》2003年第7期。

徐超、吴玲萍、孙文平：《外出务工经历、社会资本与返乡农民工创业——来自CHIPS数据的证据》，《财经研究》2017年第12期。

杨善华、侯红蕊：《血缘、姻缘、亲情与利益——现阶段中国农村社会中"差序格局"的"理性化"趋势》，《宁夏社会科学》

1999年第6期。

张善余、杨晓勇：《"民工潮"将带来"回乡创业潮"——以安徽省阜阳地区为例》，《人口与经济》1996年第1期。

张秀娥、王冰、张铮：《农民工返乡创业影响因素分析》，《财经问题研究》2012年第3期。

赵德昭：《农民工返乡创业绩效的影响因素研究》，《经济学家》2016年第7卷第7期。

朱红根、解春艳：《农民工返乡创业企业绩效的影响因素分析》，《中国农村经济》2012年第4期。

朱红根、康兰媛：《农民工创业动机及对创业绩效影响的实证分析——基于江西省15个县市的438个返乡创业农民工样本》，《南京农业大学学报》（社会科学版）2013年第5期。

朱红根、康兰媛、翁贞林等：《劳动力输出大省农民工返乡创业意愿影响因素的实证分析——基于江西省1145个返乡农民工的调查数据》，《中国农村观察》2010年第5期。

朱红根：《外部环境与农民工返乡创业意愿关系的实证分析——基于江西省1145个农民工样本调查数据》，《经济问题探索》2011年第6期。

朱明芬：《农民创业行为影响因素分析——以浙江杭州为例》，《中国农村经济》2010年第3期。

Kelly, P. F., "Everyday Urbanization: The Social Dynamics of Development in Manila's Extended Metropolitan Region", *International Journal of Urban and Regional Research*, Vol. 23, No. 2, 1999.

Nansheng, B., & Yupeng, H., "Returning to the Countryside Versus Continuing to Work in the Cities: A Study on Rural Urban Migrantsand Their Return to the Countryside of China", *Social Sciences in China*, No. 4, 2003.

North, D. C., "Institution", *Journal of Economic Prospectives*, Vol. 5, No. 1, 1991.

Stark, O., "Return and Dynamics: The Path of Labor Migration When Workers Differ in Their Skills and Information is Asymmetric", *The Scandinavian Journal of Economics*, Vol. 97, No. 1, 1995.